NÃO POSSO SER QUEM SOMOS?
Identidades e estratégia política da esquerda

ANDREA PENICHE
BRUNO SENA MARTINS
CRISTINA ROLDÃO
FRANCISCO LOUÇÃ

NÃO POSSO SER QUEM SOMOS?

Identidades e estratégia política da esquerda

1ª edição
Expressão Popular
São Paulo – 2021

Copyright © desta edição: 2021 by Editora Expressão Popular
Edição de referência: Lisboa: Bertrand, 2020.

Revisão: Cecília da Silveira Luedemann, Luíza Troccoli e Lia Urbini
Projeto gráfico e diagramação: Zap design
Capa: Rafael Stédile

Dados Internacionais de Catalogação-na-Publicação (CIP)

N739   Não posso ser quem somos? Identidades e estratégia
          política da esquerda / Andrea Peniche...[et al.]; — 1.ed.—
          São Paulo : Expressão Popular, 2021.
          208 p.

          ISBN 978-65-5891-032-9

          1. Classes sociais. 2. Movimentos sociais. 3. Política.
          4. Identidade I. Peniche, Andrea. II. Título.

                                           CDU 316.48

Catalogação na Publicação: Eliane M. S. Jovanovich CRB 9/1250

Todos os direitos reservados.
Nenhuma parte deste livro pode ser utilizada
ou reproduzida sem a autorização da editora.

1ª edição: agosto de 2021

EDITORA EXPRESSÃO POPULAR LTDA
Rua Abolição, 201 – Bela Vista
CEP 01319-010 – São Paulo – SP
Tel: (11) 3112-0941 / 3105-9500
livraria@expressaopopular.com.br
www.expressaopopular.com.br
🅕 ed.expressaopopular
🅞 editoraexpressaopopular

Sumário

INTRODUÇÃO 7
Andrea Peniche, Bruno Sena Martins, Cristina Roldão, Francisco Louçã

A IDENTIDADE É UMA POLÍTICA? O DEBATE SOBRE A ESTRATÉGIA
EMANCIPATÓRIA E AS SUAS DIFICULDADES 13
Francisco Louçã
    Um peso milenar? 15
    Como me chamo? 19
    Somos feitos assim? 31
    A identidade nacionalista na era da globalização 41
    Para que serve a identidade? 50
    O que ensina a vitória de Trump em 2016
    (e a sua derrota em 2020) 55
    Depois dos modelos Facebook
    e terapêutico das identidades 61

FEMINISMO E POLÍTICAS IDENTITÁRIAS 75
Andrea Peniche
    O debate sobre políticas identitárias 75
    O que são identidades? 77
    A identidade como estratégia 84
    Feminismo sob ataque 99
    Justiça: redistribuição, reconhecimento e representação 106

LUTAS IDENTITÁRIAS E TRANSFORMAÇÃO
SOCIAL: DIGNIDADES, CORPOS E ALIANÇAS 119
Bruno Sena Martins
    Introdução 119
    Lutas identitárias no século XXI 122
    Dignidades, alianças e ressentimentos 130
    Lutas entrelaçadas 136

Racismo em Portugal: algumas notas 147
Cristina Roldão
　Políticas de identidade e feminismo negro 150
　Nem adeus a Marx, nem adeus ao marxismo negro 156
　Raça, gênero e classe no império português 158
　Discriminação racial: inoperância
　e impunidade institucional 166
　Contar o que conta: "daltonismo" nos censos 169
　"E eu, sou preto, não?!": Desigualdades
　nas condições materiais de vida 172
　"Um preto é sempre um suspeito":
　racismo, segurança e justiça 173
　"Havia uma mesa só de 'pretos', que
　eram [considerados] os burrinhos" 176
　"Em África estabelecem-se contatos comerciais
　marcados por relações amigáveis e pacíficas":
　Manuais escolares, educação intercultural e colonialidade ..178
　Representatividade étnico-racial, racismo
　e desigualdades étnico-raciais na política 180
　Notas finais 182

Conclusão: Das políticas de identidades às
identidades da política 193
Andrea Peniche, Bruno Sena Martins, Cristina Roldão, Francisco Louçã

Sobre os (as) autores (as) 207

Introdução

Andrea Peniche, Bruno Sena Martins, Cristina Roldão, Francisco Louçã

E de repente fez-se direita. Foi mesmo de repente? Em todo o caso, tudo o que parecia improvável ao longo dos anos recentes aconteceu. Em 2016, Donald Trump foi eleito presidente dos EUA com 3 milhões de votos populares a menos do que a sua adversária, graças à distorção do sistema de escolha presidencial por representantes dos estados. E embora tenha perdido a reeleição em 2020, conseguiu 11 milhões de votos a mais do que na votação anterior. Ampliou-se na Europa, entretanto, o número de governos que incluem a extrema-direita. Rodrigo Duterte, Recep Erdoğan e Narendra Modi, nas Filipinas, Turquia e Índia, respectivamente, reforçaram o seu poder exorbitante. Vladimir Putin financia extremas-direitas europeias e Marine Le Pen estabelece pontes com Benjamin Netanyahu. Jair Bolsonaro ganhou as eleições no Brasil e formou um governo de militares, grupos religiosos e interesses econômicos. Nesta vaga de transformação das direitas, as ameaças de guerra vão crescendo no Oriente Médio e nas Américas, a voracidade imperialista sobre os recursos do Sul segue sem freio.

As redes sociais passaram a albergar e a destacar uma ecologia de discursos de ódio e de *fake news* que repudiam as conquistas das mulheres e das pessoas LGBT+, bramindo contra o que chamam "ideologia de gênero"; que difamam os grupos racializados e as lutas antirracistas, apontando-lhes ora um suposto "racismo inverso", ora a usurpação de dinheiros do Estado; que atacam as pessoas desempregadas e pobres; que não se cansam de apontar a suposta "preguiça" dos funcionários públicos, numa desvalorização dos direitos laborais que promove um horizonte de nivelamento por baixo para toda a classe trabalhadora.

Esta colonização conservadora do imaginário serve à reprodução de privilégios – materiais e simbólicos – instituídos, num contexto em que o capitalismo selvagem volta a reconfigurar a geopolítica, mas também estimula um contra-ataque à reorganização internacional dos movimentos sociais, que tem se desenvolvido com novos protagonistas e novas formas de agir e de pensar a esquerda. Os exemplos têm sido muitos, desde a Primavera Árabe ao Occupy Wall Street (EUA), às mobilizações do Sul da Europa perante as políticas de austeridade, aos movimentos Geração à Rasca (Portugal), Indignados (Estado Espanhol) e ao Movimento das Praças (Grécia), ao movimento Black Lives Matter [Vidas Negras Importam] (EUA), à Greve Feminista Internacional, à Greve Climática e às múltiplas mobilizações brasileiras da era Bolsonaro, como à indignação nacional e internacional contra o assassinato de Marielle Franco, mulher negra, feminista, lésbica, nascida na favela da Maré, vereadora da Câmara do Rio de Janeiro pelo Partido Socialismo e Liberdade (PSOL), ou aos movimentos em defesa dos povos indígenas ou de proteção dos direitos democráticos.

Bem podemos perguntar-nos como se chegou aqui. Este livro resulta dessa inquietação, mas trataremos menos do passado recente, e mais do presente, pois preferimos escolher os dois temas que decorrem dessa surpresa: será que o discurso ou a ação da esquerda estão a ajudar a criar as condições para o reforço da direita? O que a esquerda deve fazer agora no novo mapa político para contrariar as ameaças, mas também para se reorganizar para além da contrarresposta? Responder a estas questões é uma forma de contestar a certeza triunfante de Steve Bannon, que foi o ideólogo da campanha de Trump em 2016, e que se vangloriava de levar os seus opositores a uma armadilha: "Quero que [eles] falem de antirracismo todos os dias. Se a esquerda está focada em raça e identidade e nós avançamos com o nacionalismo econômico, esmagamos os Democratas" (Egan, 2017).[1] Sem esquecer

---

[1]   A descrição do contexto eleitoral nos EUA, feita pelo autor do artigo, não é subscrita por nós. Limitamo-nos a referir o argumento de Bannon que é citado nesse texto.

que anos antes Barack Obama venceu as eleições, beneficiando-se também, entre outras coisas, de uma identificação da comunidade afro-americana com o candidato negro, os resultados pareceram dar-lhe razão nesse momento e houve muito quem repetisse, com entusiasmo ou contristação, esta teoria sobre o foco de atenção, o objetivo programático e o modo de comunicação de cada uma das grandes forças em presença. Se isto fosse certo, a vitória da direita radical seria facilitada pela defesa dos direitos humanos, do feminismo e do antirracismo, por exemplo. A implicação seria gigantesca: deveria então a esquerda abandonar a defesa dos direitos das mulheres, dos grupos racializados ou de outros grupos oprimidos, logo agora que estão em risco acentuado? Deveria calar-se perante a violência doméstica ou de gênero, ou a discriminação étnico-racial?

Pondo a questão de outro modo, devemos perguntar se as esquerdas se distraíram com a defesa do antirracismo ou do feminismo, ou dos direitos LGBT+, ou de outras identidades, ou ainda se essa atuação implica esquecer o povo, como Bannon sugere e festeja. Como veremos, há quem, pelo menos nos Estados Unidos, na Europa e na América Latina, pense que existe em qualquer caso um problema na forma como as esquerdas têm interpretado ou se relacionado com diversos movimentos sociais. Não esqueceremos essa discussão, que vamos retomar adiante. Em todo caso, antes de prosseguirmos, notamos que, mesmo que alguém pensasse por um momento que essa mudança de atenção tenha ocorrido, ainda teria de demonstrar que existe uma fronteira entre o povo e os direitos sociais, que a defesa desses direitos perturba a afirmação de uma alternativa social, ou que o povo rejeita os direitos das mulheres (não são a maioria do povo?), ou dos grupos racializados (não são povo?), ou das pessoas em função da sua orientação e identidades sexuais (também não são povo?).

Demonstraremos neste livro que teorias como a de Bannon são historicamente erradas, não correspondem à realidade dos fatos e são mistificações ideológicas. Mas não douraremos a pílula do passado recente, nem ignoraremos a dificuldade das esquerdas em constituírem uma alternativa política consistente. Não esqueceremos a forma como vários setores da esquerda e do centro ignoraram movimentos como o feminista, o antirracista e o LGBT+, que se batem contra opressões estruturais que marcam a vida de muitas pessoas. Não ignoraremos que dentro dos movimentos identitários existem caminhos difusos, que estes nem sempre conseguem escapar ao essencialismo e à compartimentação da luta social, o que nos expõe ao contra-ataque das direitas. É preciso mobilizar uma maioria popular à esquerda e, embora a força e a responsabilidade sejam assimétricas, cabe às esquerdas e aos movimentos a responsabilidade de criar um polo social que unifique diversas causas emancipatórias sob a forma de uma expressão política maioritária, resistindo ao acantonamento em territórios de confirmação e não de afirmação. É preciso que algumas lutas pela dignidade de identidades historicamente subalternizadas deixem de ser desprezadas, ignoradas ou olhadas como um "nicho". A compreensão e inclusão da história dos deserdados e das deserdadas do capitalismo racial e patriarcal levará tempo e exigirá que a esquerda se questione, se pense e elabore um projeto emancipatório radical.

Como veremos, as diferentes expressões de identidade têm histórias marcadas na exploração do trabalho, na opressão patriarcal e colonial, na discriminação étnico-racial, sexual ou de gênero, mas também se cruzam sempre em identidades complexas. É nesse cruzamento que se descobre a vida real de pessoas reais. Nesse sentido, algumas das autoras e autores cujas ideias apresentamos e discutimos adiante, entre as quais Nancy Fraser, sugeriram que a análise de todos esses movimentos deve considerar a sua resposta a uma necessidade específica de *reconhecimento*, mas também a sua contribuição para a *redistribuição* de recursos e de poder. Veremos como essa dupla abordagem permite compreender o significado da convocação social destes movimentos.

Há razões fortes para essa inquietação. A mais importante é que o trumpismo é uma metodologia de mobilização social que permite reconstituir uma direita radical, tomando de assalto a imaginação política da direita, a partir de dois instrumentos: disputa a atenção, conseguindo criar devoção, mudando a forma tradicional de comunicação; e delimita uma política que combina o liberalismo mais agressivo no plano interno e o nacionalismo mais declarativo no plano externo. A devoção é obtida por um processo de identificação com o discurso do ódio e ressentimento, que define um campo, o procedimento essencial da identidade, delimitando os inimigos globais (os governantes anteriores, os movimentos sociais, o "sistema", o Islã...), locais (os migrantes, os funcionários públicos ou outros) ou até, mais simplesmente, apontando as "influências malignas" da esquerda (cf. Scruton, 2018, p. 35).[2] A política trumpista constrói a sua vocação majoritária na base do nacionalismo econômico de uma grande potência, mas noutros países ela repercute apenas como promessa de proteção contra a globalização, contra a perda de privilégios de gênero, raça e classe. Discutiremos adiante como se aplica à questão nacional a sabedoria de António Aleixo, "para a mentira ser segura,/e atingir profundidade,/tem que trazer à mistura/ qualquer coisa de verdade" (Aleixo, 2009, p. 34).

***

Escrito entre quatro pessoas, este livro registra percursos diferentes, experiências distintas e ideias próprias de cada uma delas, mas, ao mesmo tempo, dá conta de um trabalho coletivo, a oito mãos, de imaginação política sobre a esquerda do futuro. Fazemo-lo discutindo quatro questões e dedicando a cada uma o seu capítulo: o que são as identidades e o que nos define como seres humanos na sociedade em que vivemos, ou como se deve identificar a identidade; como o movimento feminista contribui no mundo de hoje para uma democracia democrática; como se

---

[2] A expressão é do polemista britânico Roger Scruton (2018).

constituiu o capitalismo ao longo da história, criando discriminações inscritas no corpo e na vida de populações submetidas; e, finalmente, como a luta antirracista se define e se envolve com todas as formas de viver a vida. Nas conclusões explicamos porque entendemos que há um amplo potencial de emancipação e expressão política nesses processos de reconhecimento e quais as possibilidades para alianças mutuamente mobilizadoras, num horizonte que jamais descura da redistribuição e da necessidade de uma resposta anticapitalista de transformação social. Apresentamos assim as nossas propostas sobre como reconstruir e remobilizar a esquerda para vencer a nova direita e queremos discuti-las com quem lê estas páginas, dedicando-as a todas e todos quantos combatem pela liberdade no Brasil e vão vencer a ameaça Bolsonaro.

Referências

ALEIXO, António. *Este livro que vos deixo*, Lisboa: Casa das Letras, 2009

EGAN, Timothy. "What if Steve Bannon is right?". *New York Times*, 25 de ago. de 2017.

SCRUTON, Roger. *Tolos, impostores e incendiários* – os pensadores da nova esquerda. Lisboa: Quetzal Editores, 2018.

A identidade é uma política? O debate sobre a estratégia emancipatória e as suas dificuldades

Francisco Louçã

"A irrupção de políticas identitárias nas democracias liberais é uma das principais ameaças que elas defrontam", explica Francis Fukuyama (2018) num livro recente sobre o debate que aqui nos ocupa. O autor, um politólogo estadunidense, explica que, depois de no século XX se ter definido pela luta econômica, na segunda década deste novo século a esquerda se teria desviado para a luta por diversas identidades sociais, ao mesmo tempo que a direita se reorganizou:

> A esquerda tem-se focado menos na igualdade econômica em termos gerais e mais em promover os interesses de uma ampla variedade de grupos que são percebidos como marginalizados – negros, imigrantes, mulheres, hispânicos, a comunidade LGBT, refugiados e outros parecidos. A direita, entretanto, está a redefinir-se como patriota, que procura proteger a identidade nacional tradicional, identidade que muitas vezes é explicitamente associada à raça, etnicidade ou religião. (Fukuyama, 2018, p. 24-25)

Já lemos esta tese na versão mais simplista de Steve Bannon, citada na introdução deste livro.

Para Fukuyama (2018, p. 97), a esquerda erra ao desviar-se da igualdade econômica para tratar das identidades de grupos marginalizados, ao passo que a direita está a capitalizar forças ao adotar o nacionalismo. Mas há que notar que esta opção da direita também lhe parece perigosa: o nacionalismo e a religião seriam "as duas faces da política identitária" que substituem os partidos de base classista do século XX. Segundo ele, são essas "redefinições como patriota", porventura conjugadas com racismo ou fanatismo, que representam as "principais ameaças" à democracia (Fukuyama é um opositor de Trump). Essa preocupação é compreensível, pois o politólogo ganhara a sua fama ao anunciar já em 1992 que estaríamos na fase superior do liberalismo e que a sociedade moderna teria atingido a estabilidade graças ao capitalismo, pelo que a eleição de Trump, rompendo esse equilíbrio, constitui também um revés ou mesmo um epitáfio para a sua teoria.

Ora, ao repetir os livros anteriores para citar um dos seus heróis, o filósofo alemão Hegel, Fukuyama lembra desta vez a tese de que a história se moveu sempre pela luta pelo reconhecimento, que devia ser universal, consagrado em direitos sociais efetivos. As democracias modernas seriam isso mesmo, instituições que prometem igualdade e que, como tal, aceitam as diferenças. Mas então em que ficamos? Se ao longo da história sempre houve e continua a haver uma luta pelo reconhecimento das identidades, que requer o respeito pelas diferenças, e se esse reconhecimento é a própria definição de uma democracia, como se pode conceber que ele seja ao mesmo tempo uma ameaça? Aliás, qual das ameaças, se tanto outras identidades quanto o nacionalismo são tratados como "uma das principais ameaças" à democracia? O livro de Fukuyama responde a esta inquietação distinguindo os movimentos sociais de base identitária, que secundariza, dos movimentos nacionalistas e religiosos, que destaca, porventura porque os primeiros são portadores de uma luta pelos direitos de uma comunidade e os segundos são afirmações de um sistema de poder. Já voltarei a esta questão do papel dos movimentos dos direitos cívicos, feministas e outros, em que se verificará que Fukuyama alimenta uma visão idealizada da democracia, cuja história real é bem mais complexa do que ele sugere. Para já, olharei para esta fragmentação de identidades em conflito, que são expressão de tensões políticas.

Um peso milenar?

A análise de Fukuyama retoma alguns temas discutidos há décadas por outros analistas, como por exemplo Manuel Castells, um sociólogo catalão que ensinou na Universidade da Califórnia e foi nomeado em 2020 ministro das Universidades pelo governo de Pedro Sanchez na Espanha. Castells participou no Maio de 1968 em Paris, estava então exilado e era um jovem professor em Nanterre. Nas últimas décadas, dedicou-se ao estudo dos movimentos sociais, tendo deslizado para posições mais conservadoras. O seu contributo para a discussão que nos interessa neste livro começou há 20 anos, com uma trilogia sobre a "idade da informação", em que argumenta que a globalização não trouxe o fim, mas antes a reafirmação das identidades religiosa, étnica e nacional. "No último quarto de século, [há um] ascenso generalizado de expressões poderosas de identidade coletiva que desafia a globalização e o cosmopolitismo em nome da singularidade cultural e do controle popular sobre as suas vidas e ambiente" (Castells, 1997, p. 65-66), num mundo definido pelo conflito entre globalização e identidade. Mas, ao descrever essas identidades, Castells (1997) nota sobretudo que se baseiam nas "categorias fundamentais de existência milenar" ou "códigos inquebráveis e eternos", como deus, nação, etnicidade, família e território.[1] Estas categorias "milenares" têm muito que se lhe diga, pois são todas elas construções em tempos históricos reconhecíveis e a sua mitificação pode mesmo ser um artifício apologético, de que o autor não consegue escapar.

Se houvesse mesmo que tratar com uma "existência milenar", uma essência perpassando os tempos, admitir-se-ia que ela cobra um preço elevado às sociedades modernas e, mais, seria uma presença inevitável. Os códigos são antigos e pesados, reconheço (e já voltarei a como marcam a história recente), mas afirmo que

---

[1] O livro tem sido criticado antes de mais nada por apresentar a sociedade da informação como se fosse uma expressão benevolente da modernização e não correspondesse à transformação do capitalismo e, por exemplo, à naturalização da norma de trabalho assentada na precariedade.

todas estas categorias são espacial e temporalmente contingentes, são fabricadas pela vida social em condições históricas precisas. A consequência é que evoluem, avançando ou recuando. Pode ser devagar ou, por vezes, mais depressa, mas evoluem. A construção de sentido e de identidade é um processo permanente, em que a cada momento há vencedores e vencidos, mas nele ninguém tem a última palavra. Esse é o erro de Castells: ele lê algumas identidades vencedoras, ou que impõem uma forte dinâmica de reconhecimento, mas não nota as outras identidades que são sofridas e não reconhecidas. Voltarei a esta questão, que é o centro da discussão deste livro.

Assim, contra a tese de Bannon, afirmo que as identidades não podem ser concebidas de modo autojustificativo como um dado da natureza, o que daria prevalência unicamente ao que as pessoas são (ou pensam que são) e não ao que fazem (ou como se relacionam). Há uma conexão entre esse conceito essencialista de permanência identitária e a visão da sociedade como uma soma de individualidades, a quimera que tem sido preferida pela direita, que descreve um mundo em que os sujeitos ideais definem a sua autenticidade pelas projeções e traumas que lhes são peculiares. Nesse universo ficcional, a pessoa é somente uma subjetividade e uma composição de instintos básicos. A simplicidade radical dessa descrição conduz, em algumas ciências sociais, nomeadamente na economia, à ideia da atomização do agente, considerado literalmente como um átomo cujo comportamento é explicado por estar sujeito a uma racionalidade intrínseca e normalizadora, sujeita a forças exteriores que, de modo mágico, o conduzem a uma situação ótima.[2] Deste modo, a moderna cultura neoliberal

---

[2] Esta descrição é instrumental para imaginar que os agentes económicos estão sujeitos a uma lei de comportamento inspirada na física de partículas, o que permitiria determinar a lei matemática que descrevesse os seus movimentos presentes e mesmo futuros, admitindo que têm expectativas racionais e que, portanto, seguem todos um padrão idêntico de atuação, acedendo a informação aberta numa sociedade liberta do Estado e de outros constrangimentos.

é o fundamento da visão radical das identidades individualistas. Desenvolverei a crítica a esta visão individualista e defenderei que, se a identidade manifesta um reconhecimento por um conjunto de características da pessoa ou do grupo, ela evolui e transforma-se ao longo da vida e da relação social. O pensamento racionalista sempre sublinhou essa permanência que define a identidade, pelo menos desde Aristóteles, mas a sua estabilidade é uma ilusão, o rio que corre no seu leito está sempre em mudança. A identidade só pode ser enunciada num mundo de diferença e não de repetição. Discutirei então como se procede a essa identificação e como é que se estabelecem as diferenças.

Foi sempre assim?

Antes, muito antes dos debates sobre políticas de identidade a que me tenho vindo a referir, a questão filosófica era outra e tinha precedência: o que nos define como seres que vivem em sociedade? Que normas criamos para nos obrigarmos à comunidade? Ou, dito de outra forma, o que é natural e anterior à sociedade e o que é construído socialmente? Como é que os *eus* se juntam no *nós* e o plural se diz no singular? A relevância desse debate para o que é tratado neste livro é indireta, mas ainda assim interessante, pois a questão fascinou alguns espíritos do século XVII e muitos depois deles, influenciando vários padrões de pensamento atual. Aliás, como se verá, até a resposta à questão desse tempo tem que ver com o tema deste livro, pois mostra que a existência e a consciência são realidades sociais e não estritamente individuais e, por isso, a identidade é social.

Para John Locke, um filósofo britânico já famoso no seu tempo, a propriedade privada, que é, segundo ele, o valor gerado pelo trabalho, impõe-se como uma condição para os seres primitivos,

---

Conhecedores instintivos dessa probabilidade, os agentes poderiam saber tudo, mesmo que não aprendessem nada (são zero-inteligentes). Restar-lhes--ia obedecer ao chamado do egoísmo e da ganância, como perfeitos agentes maximizadores, e a fantasmagoria fica completa.

que estabelecem entre si um pacto social para constituírem o poder que os rege e se protegerem mutuamente. Apesar disso, não renunciam aos seus direitos naturais em favor do soberano ou dos governantes (mas isto aplica-se unicamente aos homens, dado que Locke separa o direito político do direito patriarcal, determinado pela hierarquia que subordinaria a mulher). Thomas Hobbes, o seu contraditor, era radicalmente pessimista em relação à humanidade e autoritário quanto ao poder: o ser humano no estado natural é sempre violento e vive em situação de guerra, razão para que a norma social seja imposta sob a forma de um poder absoluto para domar o indivíduo, mesmo que o contrato seja estabelecido em seu próprio nome e não no de uma divindade (e, da mesma forma, o homem deveria dominar a mulher). Eram diferenças inconciliáveis, exceto na aceitação do patriarcado, se bem que os dois partissem de uma visão simplista de épocas históricas em que os seres humanos teriam transitado de um estado selvagem para a organização social dos Estados da antiguidade. Ambos estavam errados, pois viam a história como uma mitologia. Olhavam para uma lenda e não para o que tem sido a evolução da humanidade.

O problema é que estas histórias lendárias ignoram que os seres humanos sempre viveram em sociedade. Assim, a sua condição natural, se o termo se pode usar, é mesmo a vida gregária ou, em resumo, os humanos existem porque se comunicam entre si. Nascemos em sociedade, vivemos, comemos e aprendemos a falar por vivermos em sociedade. No princípio foi sempre o social. Não chegamos aqui vindos de parte nenhuma e cada qual pela sua trilha. Então, a nossa identidade fundamental, o principal fator que nos distingue de outros animais, é desde sempre a vida em comunidade, com relações complexas e intensas. Assim, o problema deixa de ser a fantasiosa assinatura individual no contrato social e passa a ser outro: como é que então nos reconhecemos, vivendo em sociedade, entre tantos?

Aqui está então a ingenuidade do debate de Locke e de Hobbes: eles imaginavam um percurso entre o indivíduo, descoberto na sua natureza selvagem, e o poder público, ou entre o reconhecimento do eu e o reconhecimento do grupo ou da comunidade, em que cada personalidade segue o seu caminho e negocia as condições da existência do Estado.

Mas a vida não é assim: entre todos, descobrimos e construímos identidades protegidas e dominantes, mas também identidades que são desprezadas; há lugar para indivíduos em grupos sociais que são hegemônicos, mas também há destruição de personalidade e da sua individualidade noutros grupos e classes, como os que foram escravizados no passado e os que estão submetidos à reprodução das condições sociais de produção do mundo moderno. Para escrutinar estas histórias tão diversas, viro-me de seguida para os processos de identificação.

Como me chamo?

Durante toda a vida usamos vários processos de identificação. O do ambiente em que nascemos e crescemos, o de quem cuidou de nós na infância, o dos seres humanos com quem nos relacionamos ao longo da existência, o dos acontecimentos que nos marcam. Toda a comunicação é, nesse sentido, identificação, pois só conhecemos quando damos nomes às coisas e às pessoas. Assim, nas célebres linhas iniciais de *Cem anos de solidão*, Gabriel García Márquez (1967, p. 13) descreve como se começa a identificar um mundo desconhecido:

> Macondo era então uma aldeia de vinte casas de barro e taquara, construídas à margem de um rio de águas diáfanas que se precipitavam por um leito de pedras polidas, brancas e enormes como ovos pré-históricos. O mundo era tão recente que muitas coisas careciam de nome e, para mencioná-las, era preciso apontar com o dedo.

Como a criança que ainda não fala, o adulto desembarcado em Macondo apontava para identificar o que não conhecia.

Na vida é assim. Depois de apontar, aprendemos a nos autoidentificarmos, um processo mais elaborado do que nomear o que vemos: aprendemos a nossa imagem e o nosso nome, que aliás nos foi dado pelos progenitores, e é ele que formaliza o nosso próprio reconhecimento. Foi-nos dado, mas essa identidade pode ser perdida. A história medieval que se segue apresenta um saboroso e paradoxal exemplo de um roubo de identidade.

Num frio domingo de 1409, em Florença, um grupo junta-se para jantar. São uma *brigata*, trabalharam juntos na construção da catedral da cidade, lá está Filippo Brunelleschi, o engenheiro, também Donatello, o grande pintor renascentista, mas falta Il Grasso, o artífice carpinteiro que faz as esculturas de madeira. Grasso não disse uma palavra, não justificou a ausência e os seus colegas decidem pregar-lhe uma peça. Brunelleschi, o seu amigo mais próximo, propõe um ajuste de contas: "Em retribuição por não ter vindo esta noite, vamos fazê-lo acreditar que se tornou outra pessoa". A *brigata* vai roubar-lhe a identidade. A história foi contada, ainda no século XV, pelo biógrafo do engenheiro, segundo a versão do próprio, eventualmente apimentada (Ascoli, 2016).[3]

No dia seguinte, segunda-feira, Grasso regressa a casa depois da jornada de trabalho. Encontra a porta fechada, bate e responde-lhe de dentro Brunelleschi, com a voz disfarçada, chamando-lhe Matteo e anunciando-se como Grasso. Donatello, que faz parte do estratagema, passa pela rua e cumprimenta-o: "Olá, Matteo, estás à procura do Grasso? Acabou de entrar em casa." Grasso, confuso, vai para a Piazza di San Giovanni, onde tinha o ateliê, e alguns comerciantes, subornados, tratam-no por Matteo e pedem-lhe o pagamento de dívidas. Como resiste, chamam a autoridade e ele vai passar a noite na cadeia, depois de responder a um juiz que constata a verdade da existência dessas dívidas de Matteo. No dia seguinte, os dois irmãos do verdadeiro Matteo pagam as dívidas e Grasso é libertado. Um padre, também envolvido na tramoia, oferece-se para o tratar da sua loucura. Pergunta Grasso: "O que farei, se me tornei Matteo?"

---

[3] Todas as citações referentes a esta história provêm deste artigo.

A história é reveladora de duas dificuldades de identificação. A primeira é que Il Grasso, ou O Gordo, é um apelido, não é o nome (o homem chamava-se Manetto di Jacopo Ammanatini), mas o apelido tornara-se a sua forma de reconhecimento social e de autonomeação. Grasso era Grasso para ele próprio e para os outros. Se perde o nome, mesmo que seja o apelido pelo qual todos o conhecem, deixa de existir socialmente ou entra num limbo de confusão. A segunda dificuldade é que a única forma de identidade é o reconhecimento pelos outros mais próximos: os que sabem que Grasso é Grasso são as únicas testemunhas que podem comprovar quem ele é, ou que podem traí-lo, como neste caso. O fato é que ele sentiu o custo da vingança e rezam as crônicas que, desgostoso, foi viver na Hungria, onde exerceu o seu mister e enriqueceu na corte do imperador Sigismundo. Como aprendeu Grasso, a identidade dependia do reconhecimento.

Até a época moderna, não havia um documento oficial de identificação que registrasse e confirmasse o reconhecimento formal de uma pessoa ao longo da sua vida. Por exemplo, na linguagem do francês medieval, o conceito de *identité*, identidade, designava a "qualidade ou condição de ser o mesmo", ou seja, era o sentido da permanência tal como notado pelo próprio. Só em 1756 a *identité* passaria a designar a própria individualidade. O nome da pessoa, aliás, era só o seu nome próprio (que podia ser repetido *ad nauseam*: na Inglaterra ainda no século XVIII, havia sete nomes próprios usados pelas famílias para nomear 90% dos homens), podendo acrescentar-se uma designação referida ao grupo em que vivia, fosse o clã, a família, a profissão, até a localização ou a terra de nascimento. Luís XVI conseguiu fugir de Paris em 1791 porque se disfarçou de valete e, à época, os passaportes dos nobres, que incluíam os criados, apenas os descreviam de forma vaga (o rei só foi descoberto porque um soldado o reconheceu pela silhueta impressa nas moedas e depois um juiz confirmou a identificação). A exigência da atribuição formal de um segundo nome tardou muito a generalizar-se (terá começado mesmo na terra de Il Grasso, em Florença, no século XV, quando as autoridades tributárias exigiram um sobrenome para poderem cobrar os impostos sem equívocos de identidade). A formalização desse nome em documento certificado só se generalizou no século XX e, ainda assim, o Banco Mundial assegura que hoje em dia, no século XXI, 1 bilhão de pessoas não conseguem ter certidão de nascimento nem documento oficial de identidade.

Ao mesmo tempo, o roubo de identidades tornou-se um dos comércios do nosso tempo. Em janeiro de 2018, Rachna Khaira, jornalista do jornal indiano *Tribune*, comprou por sete dólares uma base de dados com detalhes sobre 1 bilhão dos seus concidadãos. No ano anterior, tinha sido descoberto que a Cambridge Analytica – uma empresa de cuja administração Steve Bannon tinha feito parte e cujos donos eram a família Mercer, milionários estadunidenses empenhados no apoio a candidatos de direita radical – tinha usado os perfis de Facebook de cerca de 90 milhões de pessoas, a que havia acedido ilegalmente, para organizar a promoção da campanha de Trump e de outros clientes noutras eleições. Depois do escândalo, a empresa declarou falência e fechou as portas, mas o exemplo ficou e a utilização de listas de pessoas, manipuladas e bombardeadas por meio da multiplicação de falsos perfis e de campanhas de mentiras apoiadas por exércitos de *trolls* a cavalo de *bots*, deu um contributo para o sucesso da eleição de Jair Bolsonaro, tornando-se um padrão comum na luta eleitoral da extrema-direita.

Aqui está então uma primeira resposta à nossa questão: sei quem sou? Pois aprendo o que são as coisas que não conheço, apontando, diz García Márquez, e é o processo mais simples de reconhecimento; sei também quem sou porque sou identificado pelos que vivem comigo, que me apontam. Como Grasso, dependo do reconhecimento dos outros; no seu caso, foram essas pessoas que o circundavam que lhe deram o apelido e ele manteve o nome com que foi identificado. Os mesmos que reconhecem, ou outros, por razões mercantis ou de instrumentalização vária, podem roubar ou usar essa identidade, e, portanto, ela é valiosa e perigosa. Mas subsiste um problema, que não é menor: como sei que sou esse que é identificado?

A identidade discrimina?

Só posso identificar se distinguir, ou se me comparar com o outro, que vive aqui e com quem me relaciono, ou, que vive longe, mas que reconheço. Não existe *eu* sem *nós, eles* e *elas*. A dificuldade, em todo o caso, é como distinguir o que identifica. Paul Ricoeur responde a esta questão dizendo que a identidade é enunciável em dois conceitos opostos.

O primeiro é o da identidade como *semelhança* e responde à questão: o que somos? Há quem responda assim: somos uma coerência ancestral, olhamo-nos como um patrimônio genético, mesmo que isso aluda a uma pureza inexistente. Ainda assim, nos veríamos como uma essência, criando os nossos próprios tipos e arquétipos. Aqui está a origem, que é recente, desse conceito de identificação que consolida a definição essencialista de grupos ou pessoas. Neste caso, a identidade é uma fronteira para excluir os outros e para reclamar uma forma autoritária de autenticidade.

O segundo conceito é do reconhecimento do *eu* pelos outros, porventura posterior, e responde à outra questão: quem somos? Aceita-se portanto que, ao enunciar a pergunta, teremos várias respostas. A multiplicidade de identidades subjetivas contrapõe--se então à norma que inclui uns e exclui outros (Ricouer, 1991). Os dois conceitos estão em guerra: o primeiro, o que pergunta o que somos, é o enunciado do identitarismo e é dominador; o segundo, o que pergunta quem somos, reivindica identidades não reconhecidas e procura forçar a inclusão das pessoas que são dominadas.

No campo da esquerda, o caminho poderia ser a aceitação da subjetividade das identidades, e esse é o preferido por Ricoeur. No entanto, o autor parece não se aperceber de que há muito espaço e ambiguidade entre os *eus* e a vida coletiva, a começar por expressões sociais que são o resultado da fratura histórica rasgada pelo capitalismo e por outras formas de dominação antes dele, absorvidas no longo processo de modernização. Em consequência, há identidades de grupo que não são somente subjetivas, dado que são vividas de modo comparável pelas várias pessoas subalternizadas. Se o fossem, ainda haveria uma escolha difícil a fazer, pois a política deve superar as subjetividades particulares, dado que se deve basear em respostas abrangentes. Uma ação política exclusivamente assente em subjetividades seria limitada e poderia ser perigosa, dado que, perante a pluralidade das experiências individuais, ficaria sem rumo. Não o sendo, ou sabendo que neste universo de identidades elas se entrelaçam com a mecânica dos poderes no cotidiano, ou com a reprodução do capitalismo, a resposta da esquerda é a mais difícil: deveria reconhecer as identidades oprimidas e procurar tanto respeitar as identidades subjetivas como desconstruir as condições da opressão que formatam condições objetivas de identidade. Mas, antes de prosseguir para essa contradição, volto às questões mais difíceis: quem nos reconhece e como é que somos reconhecidos?

Reconhecer sem conhecer
O livro *Os versículos satânicos*, de Salman Rushdie, de 1988, dá uma resposta a esta questão. Naquele romance, uma das personagens queixa-se do senso comum prevalecente em Londres, a capital do antigo império, e afirma que sabe que é identificado porque o descrevem: "(os britânicos) descrevem-nos... É tudo. Têm o poder da descrição e sucumbimos aos retratos que eles constroem". (Rushdie, 1988, p. 245) No mesmo livro, dois imigrantes indianos interrogam-se sobre o seu lugar de pertença, suspeitam do multiculturalismo e olham para aquela cidade como Babel, perguntando-se um deles como pode perceber aquele "lugar clássico das realidades incompatíveis".[4]

---

[4] A noção de identidade no livro de Rushdie é discutida por Isabel Allegro de Magalhães (2019a; 2019b, p. 71 e ss)

As realidades são mesmo incompatíveis, e eles, os imigrantes, são descritos mas não compreendidos, como também não conseguem descrever, ficando subordinados à visão dos que os olham. A pergunta é então esta: a descrição é uma identificação? E se for antes uma submissão? Descrever é um exercício de poder, dado que os retratos subjugam, queixa-se a personagem: eles ignoram quem descrevem, ou reconhecem mas não conhecem. Esse é o mecanismo de identificação que deve ser criticado, no quadro de um mundo de aparências em que a fala é um exercício de hierarquia, a distinção é um processo de indiferenciação e a classificação, uma forma de seriação. No meio de debates tormentosos entre várias esquerdas, umas que negaram ou se opuseram aos novos movimentos emancipatórios, outras que compreenderam e procuraram mobilizar a contestação das opressões que a história contemporânea tem reforçado, e da ofensiva das direitas, que pretendem reconstituir o seu imaginário classista em contraposição às "políticas de identidade", a questão da identificação de cada uma ou de cada um, e das suas posições sociais, tornou-se um epicentro da política.

Estas personagens de Rushdie apontam um problema, ao notarem que quem pode olhar e pode descrever é que vai dizer quem é. Quem identifica é que está identificado e tem o direito exclusivo de identificar. O reconhecimento dos subalternos é nesse caso um ocultamento ou uma reafirmação do poder, quando formulado a partir dessa hierarquia colonial ou majestática, como suspeitam os personagens dos *Versículos satânicos*. Esse procedimento é o da política opressiva: ela não ignora, ela aponta. Assim, esse reconhecimento não é uma forma de respeitar, é uma forma de menorizar ou até de agredir.

Mas afinal, sei quem sou?

A identidade é, como tal, a relação com os outros. Assim, a individualidade expressa-se pela comunicação, a forma primária da sociabilidade. Essa é a essência da natureza humana. Mas como é que eu me relaciono com os outros, ou como se realiza esse processo de identificação? As suas duas formas principais esclarecem a questão aqui discutida. A identidade, no contexto da sua psicologia, pode ser definida de várias formas: pode ser vista como a estrutura do narcisismo, sendo assim parte do ego; ou como a habilidade da pessoa se manter a mesma ao longo do tempo; ou como o seu próprio sentimento de continuidade; ou até como a soma das representações do eu. O que é um conceito estabelecido no trabalho de Freud, em contrapartida, é a *identificação*. Ela é precoce, define a criança: "A identificação é a forma mais precoce e original de um laço emocional", escreve Freud (1921, p. 107).[5] Esse laço emocional é a forma inicial de reconhecimento dos progenitores e do mundo que a criança está a descobrir.

Freud e alguns dos seus seguidores, como Lacan, opõem o conceito de subjetividade, que seria irredutível à pessoa, ao do trabalho permanente de identificação, que é mais evolutivo e flexível. Esse trabalho define a identidade e é organizado e expresso na sociedade, sob padrões comuns. Assim, em artigos de 1921 e 1922, já na fase final da sua carreira, Freud criticava a contraposição entre psicologia individual e de grupo, considerando que desde a infância vivemos em contato com outros. A identificação é social, o que sugere aliás um processo de formação do ego que é distinto do da libido. Em todo o caso, também a identidade sexual não é uma essência natural dada, anatômica e inata, mas uma forma de individualização que percorre interações complexas com outros. Eu sei quem sou porque aprendi a minha identidade com os outros, que a conhecem e reconhecem.

---

[5] Em algumas edições portuguesas, foi usada a expressão "psicologia de massas". Poderia ser "psicologia de grupo", de modo mais literal e cuidadoso. Como também se nota, Freud utiliza a expressão "homem", para o que hoje designaríamos como "seres humanos", mas a expressão está profundamente ancorada na sua própria cultura.

Ora, como vivo com outra gente, esses processos de identificação formam laços e pertenças que determinam uma identidade que não é só individual. Esta visão de Freud definiu um programa específico de estudo da psicologia de grupo, como explicou:

> A psicologia de grupo está portanto interessada no homem individual como membro de uma raça, de uma nação, de uma casta, de uma profissão, de uma instituição, ou como parte de uma multidão de gente que está organizada num grupo num dado momento do tempo para um objetivo definido. (Freud, 1921, p. 107)

A psicologia de grupo, então, estuda uma identificação coletiva. É certo que, ao longo dos tempos, vários críticos de Freud sublinharam que a sua visão era misógina e que desprezava a condição da mulher, caricaturando mesmo as psicoses que associava às mulheres. Adiante, noutros capítulos, ver-se-á como a epistemologia feminista se distanciou destes traços, mas, para o que aqui nos interessa, o modo de identificação, noto unicamente que Freud intuiu a dinâmica social do reconhecimento do *eu*. No entanto, a predominante cultura psicanalítica seguiu-o em direção a um modelo terapêutico de psicoterapia, procurando uma solução para os problemas de identificação do *eu*. Esse modelo radicaliza a ideia da constituição da identidade por meio da introspecção.

Não pretendo discutir aqui em detalhe a obra de Freud, tanto mais que ela se move em conceitos paradoxais no que diz respeito à identidade. Por exemplo, em dois livros, *Totem e tabu* (1913) e *O futuro de uma ilusão* (1927), ou seja, ao longo de parte importante da sua carreira, Freud discute uma identidade escondida, a da projeção humana na figura de Deus, que seria o pai, representado no totem como centro de um culto, colocando em discussão um efeito social de identificação por excelência, a natureza da devoção religiosa. Aqui está como a vida social nunca nos abandona, mesmo quando se exprime sob a forma de lenda ou mito.

Erik Erikson, um discípulo muito posterior de Freud, desenvolveu, em meados do século passado, o conceito de identidade para discutir o modo como, durante a adolescência, ou entre os 12 e os

28 Francisco Louçã

18 anos, criamos esse sentido de *eu*. No seu estudo sobre a juventude de Lutero, Erikson sugere que a sua crise religiosa foi uma crise de identidade, em que o prelado alemão dá "passos na maturação psicológica" e na "criação de (uma) identidade segura" (Erikson, 1993, p. 14). Mas, segundo Erikson, a forma da identificação evolui com as condições históricas e sociais. Tomando o tempo de Freud como comparação, nota desde então uma mudança de circunstâncias geracionais: "enquanto o paciente da psicanálise inicial sofria sobretudo as inibições que o impediam de ser o que pensava que já sabia ser, o paciente de hoje sofre sobretudo o problema de saber o que devia acreditar ou no que poderia – ou deveria – tornar-se" (Erikson, 1998, p. 111-112). A crise de identidade seria então essa angústia, eu sei quem fui e quem sou mas não sei quem serei ou devo ser. Assim, nos anos 1950, o conceito de identidade estabelece-se na prática clínica sob duas formas: foi usado para estender a teoria freudiana a uma psicologia geral que incluísse a formação do ego na relação com o mundo e constituísse um guia para analisar o desenvolvimento da criança; e foi ainda aplicado a patologias de perturbação de personalidade.

A primeira acepção foi retomada pelo sociólogo catalão já aqui citado, Manuel Castells (1997, p. 6-7), estendendo o conceito de Erikson a um grupo definido pela "identificação simbólica por um ator do objetivo da sua ação", em que a identidade, "o processo de construção de sentido na base de um atributo cultural, ou uma série relacionada de atributos culturais, a que é dada prioridade sobre outras fontes de sentido" é para o povo "a fonte de significado/sentido e experiência". Castells vai ainda mais longe e afirma que essas identidades têm mais importância na formação de sentido do que os próprios papéis sociais que as pessoas desempenham.[6] Assim, a nacionalidade, a religião,

---

[6] Antes dele, outro sociólogo, Giddens (1991, p. 53), usou a mesma abordagem: "a identidade própria não é um traço distintivo possuído pelo indivíduo. É o eu como compreendido reflexivamente pela pessoa em termos da sua biografia". Como veremos, um conceito individualizado da biografia de cada qual como base da sua identidade é deficiente e explica pouco.

ou a pertença a uma comunidade serão mais definidoras do que a profissão, ou mesmo que o estatuto social de uma pessoa.

Adiante questionarei esta hierarquia de identificações, mas para já prossigo, aceitando unicamente que há várias formas de identificação, embora, como Freud, seja de notar que todas elas são socialmente determinadas e vividas e, contra Freud, de sublinhar que o modelo terapêutico de identificação ignora a complexidade das relações de poder e da história coletiva.

O trauma é uma identidade?

Chi-Chi Shi, uma estudante de filosofia e dirigente acadêmica na Universidade de Oxford, onde esteve à frente de uma Campanha para a Consciência Racial e Igualdade, discutiu um dos fundamentos desse modelo terapêutico. Em particular, interessava-lhe saber se as identidades subjetivas mobilizam uma expressão comum. E concluiu que não, afirmando que não o permitem, por serem insuficientes. O problema não é, portanto, que requeiram uma terapêutica normalizadora, é antes que não nos identificam como somos. Assim, ela contestou sobretudo que a biografia de cada um defina a autoridade da sua voz, acrescentando ainda o seu desconforto com o paradoxo da política de identidade, que procura reconhecimento por intermédio das instituições que reconhecemos como opressivas. Pergunta então ela: o sofrimento individual (e coletivo) é um critério político? (Shi, 2018). Há várias limitações ou mesmo riscos nesta interpretação das identidades como expressões subjetivas ou como experiência de vida, escreve. Em primeiro lugar, poderia conduzir a um discurso sobre opressão explicada como se resultasse de uma cultura de preconceitos e estigmas, apontando então para uma solução assente na moderação das relações interpessoais. Em segundo lugar, estimularia uma resposta de solidariedade com o oprimido que poderia ficar reduzida a uma culpabilização individual de quem está do outro lado, ou até a um moralismo que apela à autodenúncia do privilégio. Mas isso levaria a um beco sem saída, por esvaziar a política, transformando-a numa ética que recorre a atitudes pessoais reparadoras e que estabelece, desta forma, um lugar natural e um argumento de autoridade individual de quem protesta a sua opressão. Ora, a política não é um individualismo, pois se o fosse seria carreirista; nem consiste na reprodução de uma ética, pois se o fosse seria absolutista; ao contrário, a política é a tomada de decisão para escolhas sociais e, por isso, rejeita o individualismo e não impõe um absoluto ético em que um se sobreponha a todos.

Além disso, escreve Shi, toda a identidade biográfica é parcial, o *eu* e o *nós* não preexistem, criam-se na vida social. Não há biografia sem sociedade. A sociedade é, aliás, o que agrava a opressão como ela realmente existe: ela é uma turbina de discriminação de classes, de etnias, de gênero. Há, deste modo, pelo menos dois obstáculos difíceis a uma definição da identidade como subjetividade. Por um lado, essa definição seria sempre plural: cada um e cada uma vive a sua vida à sua maneira, e somos muita gente. Ora, a desmaterialização da opressão e a sua individualização apelariam a uma resposta como uma forma de moralização, o que abdica do combate pelo poder. Por outro lado, se a necessidade e legitimidade da luta contra a opressão se baseasse na subjetividade, no que cada qual entende sobre a sua condição, então não haveria política, pois a política emancipatória só pode ser a busca de uma expressão coletiva.

Chi-Chi Shi chama a essa forma subjetivista da identidade uma "epistemologia da proveniência", que afirmaria um fundamento particularista. Ora, o conhecimento não é uma soma de experiências pessoais, é mais do que isso. Assim, argumenta que o ressentimento contra a opressão, como enunciado de uma política identitária, segue um caminho demasiado fácil, designando algum culpado e apelando à vingança para reparar a dor. Segundo ela, há uma marca genética nesta política identitária, que é a cultura liberal e individualista: "a narrativa neoliberal da individualidade influenciou o critério de autenticidade que está em jogo nas narrativas da opressão" e, assim, "o sujeito neoliberal é o sujeito do trauma" (Shi, 2018). Em consequência, é proposta uma patologização do racismo e da misoginia como traços individuais, como abusos que poderiam ser prevenidos por um corretivo cultural, por uma punição justiceira ou pela alçada de um tribunal, dando um exemplo moralizante a toda a sociedade. Ora, essa seria uma forma de impotência, que procura corrigir as relações sociais por meio do único recurso a instituições que as normalizam. Além disso, o subjetivismo, que remete para o sofrimento individual perante a opressão, conduziria a uma romantização da própria situação da opressão: "a coisificação das identidades oprimidas é enganada, presumindo que ser oprimido constitui um 'estar de fora' em relação ao poder" (Shi, 2018). Em todo o caso, não existe uma exterioridade, ninguém vive do lado de fora nem pode constituir a vida em esferas separadas da comunidade onde vivemos a nossa vida.

Segundo Shi, a visão neoliberal do mundo, que descreve mercados universais com sujeitos egoístas, ou a concorrência como base das relações sociais, seria o fermento intelectual para os movimentos individualizadores, os que descrevem as opressões como subjetivas e individuais. Assim, segundo ela, uma política de reconhecimento poderia exigir uma alteração da forma como o poder vê os oprimidos, ou como os descreve, mas não mudaria nem enfrentaria o próprio poder. Esse reconhecimento limitado ao indivíduo seria mesmo uma forma de condenação, mas também de manutenção da opressão, ainda que iluminada por alguma caridade terapêutica.

Então, para resolver a contradição há que ir por outro caminho. Para buscá-lo, começo por notar que, além destas duas razões, há ainda outro motivo para recusar esta política como redes de identidades singulares, que será o tema da próxima seção.

Somos feitos assim?

Há então que discutir a identidade onde ela se forma, na sociedade. Ora, existem várias formas, muitas delas sutis e antigas, de constituição dos comportamentos sociais. Um deles é o consumo, um dos modos dominantes de expressão na nossa civilização, que sugere um reconhecimento mercantil, eu sou o que mostro ter, ou que exibo. No entanto, para a maioria das pessoas, o consumo banaliza, não aponta; logo, não é um mecanismo de reconhecimento mas sim, se tanto, uma forma de imaginação diferenciadora impotente. Não nos libertamos da individualidade no reconhecimento da identidade, nem da comunidade que estabelece as hierarquias. Então, se não ignorarmos a vida social em que se estabelece a identidade, importa perceber as formas de reprodução das hierarquias, da autoridade ou dos preconceitos. Algumas experiências conduzidas para esse efeito chegaram a conclusões reveladoras.

Um professor da Faculdade de Direito da universidade estadunidense de Yale, Dan Kahan, conduziu com alguns colegas uma experiência sobre a conexão entre a literacia estatística e o enviesamento político. Abrangia muitas pessoas, mil, o que em psicologia comportamental pode ser uma boa amostra. Essas pessoas receberam uma tabela de resultados estatísticos e foi-lhes dito que era referente a ensaios sobre a aplicação de um creme para a pele. Quem tinha mais formação matemática e estatística percebeu melhor a tabela e descreveu adequadamente os resultados. Depois, os mesmos números foram utilizados de novo, mas desta vez foi dito aos participantes que se tratava de um teste sobre se a proibição de armas de fogo tinha aumentado ou reduzido a incidência de crimes. O que os cientistas registraram, quase sem surpresa, foi que na questão das armas as respostas passavam a ser influenciadas pelo enviesamento de cada pessoa, que era tanto mais acentuado quanto maior fosse a preparação estatística de cada qual (Kahan *et al.*, 2017). Ou seja, o conhecimento, que num contexto simples (o do creme de pele) era usado para respostas razoáveis, tende a ser usado noutro contexto (a proibição de armas) de uma forma deturpada e não razoável. A inclinação grupal ajuda mesmo a tornar impossível um argumento e uma escolha informada.

A IDENTIDADE É UMA POLÍTICA? O DEBATE SOBRE A ESTRATÉGIA EMANCIPATÓRIA E AS SUAS DIFICULDADES

Veja-se um segundo exemplo. Robb Willer é um psicólogo comportamental da Universidade de Stanford, também nos Estados Unidos. Com alguns colegas, organizou a seguinte experiência: o mesmo vinho é dividido em duas amostras e dado a provar a um grupo de pessoas. Entre elas estão algumas que são apresentadas como provadores especialistas e que garantem que uma amostra é de um vinho de qualidade inferior e que a outra é de um bom vinho. Os outros participantes na experiência devem classificar as amostras depois de saberem dessa opinião. Mais de metade concorda com os "especialistas". Na segunda fase do jogo, tomam conhecimento de uma resposta que contradiz os "especialistas" e é-lhes pedido que avaliem essa nova posição. Aqui a coisa complica-se: em respostas privadas, a maior parte dos participantes admite que quem contradisse os especialistas têm razão, mas em público, na conversa entre todos, não dão nenhuma indicação da sua opinião. Os autores concluem que esta experiência indica que haverá em coletivo uma impunidade de escolhas, em que a lógica da opinião geral, tal como ela é percebida por todos, é aceita mesmo que haja reservas individuais, que as pessoas têm receio de expor (Willer *et al.*, 2009). Assim, se estas experiências ensinam ou confirmam algo, é que os preconceitos e o grupo constrangem o comportamento.

Setenta anos antes, uma outra experiência tinha investigado um elemento de educação e de submissão que nos mostra como o racismo é incorporado por suas próprias vítimas. Não se tratava aqui de aceitação de hierarquias ou de preconceitos que são impostos às vítimas, mas, mais do que isso, de como as vítimas se sentem culpadas pela própria condição que lhes é imposta. Esta experiência foi desenvolvida em 1947 por dois psicólogos negros, Kenneth e Mamie Clark, e foi parte da dissertação de mestrado de Mamie. Colocaram crianças negras, meninos e meninas, de escolas integradas de Nova Iorque (com crianças brancas e negras) e de escolas segregadas de Washington (só com crianças negras) perante duas bonecas, uma negra e outra branca e loura.

Perguntadas sobre qual era a mais bonita, qual era a boa e a má, as crianças escolhiam predominantemente a boneca branca para designar as qualidades e a boneca negra para os defeitos. Mesmo assim, quando lhes perguntavam com qual boneca se pareciam, as crianças negras indicavam a boneca negra. A conclusão paradoxal era que as crianças aceitavam e incorporavam desde cedo o preconceito contra a sua própria cor e condição. Mas notou-se também que havia uma diferença de atitude entre as crianças conforme o tipo de escola de que vinham. Se vinham de salas de aula com crianças brancas e negras, tinham uma atitude menos vitimizada; se vinham de escolas segregadas, admitiam em maior proporção a sua culpa pela discriminação que as atingia.

Os dois psicólogos usaram esta experiência e estes resultados para argumentar que a segregação não protegia, antes prejudicava a formação das crianças negras, impondo-lhes a naturalização do racismo. Uma equipe de advogados do movimento dos direitos civis incluiu esta conclusão em sua argumentação num conjunto de casos em tribunal em 1954 e que vieram a ser designados por *Brown vs. Board of Education*, a instituição que dirige o sistema escolar, em que se pedia ao tribunal que abolisse a regra da segregação. O tribunal acabou por lhes dar razão, citando a experiência conduzida pelos dois psicólogos como prova relevante.

Certamente não se podem concluir inferências generalizadoras a partir destas três experiências, nem sequer das muitas mais que têm sido desenvolvidas sobre os comportamentos humanos e, em particular, sobre a lógica da interação social. Mas elas concordam com a percepção que adivinhava os resultados: o preconceito (no primeiro caso, o da opinião apaixonada sobre o direito a usar armas), o poder (no segundo caso, o dos especialistas) e a naturalização da diferença (a condição "racial",[7] no terceiro exemplo)

---

[7] Ao longo deste texto, recusamos a ideia de existirem diversas "raças", dado que só existe a raça humana. Por isso, quando for necessário referirmos no texto o preconceito comum que diferencia pessoas pela cor da pele, usaremos "raça", entre aspas.

condicionam as formas de constituição do senso comum e, desse modo, selecionam as formas de reprodução das relações sociais. O tribalismo, a estratégia trumpista e bolsonarista que, no início da terceira década do século XXI, parece tão capaz de hegemonizar as novas direitas e de lhes dar instrumentos de sucesso, apoia-se precisamente em percepções e tradições de autoridade, de hierarquia e de exclusão. O capitalismo é a história dessa hierarquia que inclui (por meio da mercadorização universal, ou do consumo como forma de obter identidade social), ao mesmo tempo que exclui e divide (por meio do prolongamento do patriarcado ou do racismo e de outras formas de opressão).

Reconhecimento com diferenciação e redistribuição com igualdade?

Nancy Fraser, uma filósofa socialista estadunidense que ensina na New School de Nova York, desenvolveu, ainda antes de Castells publicar o livro a que antes me referi, uma teoria sobre as identidades dos movimentos sociais, essencial para este texto que tem à sua frente e que contrasta com alguma simplificação do sociólogo catalão. Fraser não se esquiva ao debate político e critica o discurso que, já há mais de 20 anos, argumentava que a identidade de grupo estaria a suplantar a de classe como instrumento político de mobilização, na presunção de que a dominação cultural suplantaria a exploração como injustiça matricial, assim conduzindo a esquerda e esses movimentos a uma falta de coerência programática, promovendo o descentramento ou menosprezo pela luta de classes (Fraser, 1995). Em termos contemporâneos, é do suposto sucesso dessa narrativa e da sua prática em "políticas de identidade" que Steve Bannon se vangloria, como se viu, dado que deste modo o caminho da campanha de Trump teria sido facilitado em 2016 (mas que foi insuficiente para a vitória em 2020).

Analisando o capitalismo como multiplicador do patriarcado ou do racismo, mesmo que não seja o seu criador, porque estes processos de poder já existiam antes do modo de produção moderno, Fraser argumenta que hoje essas formas de discriminação não existem em separado do sistema de produção e reprodução capitalista. O capitalismo *é* patriarcal e racista; em sentido inverso, o patriarcado e o racismo são agora capitalistas, mesmo que lhe tenham sido anteriores. Assim sendo, as formas de injustiça que são culturais ou simbólicas, que consistem na ocultação ou no desrespeito pelas diferenças, devem ser combatidas pela exigência do reconhecimento, mas requerem igualmente um outro remédio, o da redistribuição, que atinge o regime de exploração e que abrange de alguma forma todas as comunidades no conjunto da classe trabalhadora e das formações sociais subalternas. Dito em linguagem contemporânea, para combater a desigualdade, que é constitutiva do capitalismo, é preciso fazer reconhecer-se a sociedade como ela é, com as suas formas de exploração e de submissão, e é imperativo mobilizar uma alternativa que distribui o poder, o que se tem chamado de socialismo.

Esta combinação, no entanto, tem sido problemática na história dos movimentos populares. Há razões históricas para isso, pela própria formação das classes e, em particular, do movimento operário dos séculos XIX e XX, que foram alimentadas por uma esquerda de que setores importantes se tornaram conservadores nas suas referências e mundivisão, e a este tema voltarei. Mas há também uma tensão permanente, mesmo quando esse conservadorismo é desafiado, pois, se o reconhecimento tende a estimular a diferenciação de cada grupo e se, contraditoriamente, a redistribuição tende a atenuar essa diferenciação, os dois remédios parecem mover-se em sentidos diferentes. É um dilema. Mas Fraser (1995, p. 78, 80-82) não desiste e, para discutir a dificuldade, usa o exemplo da opressão de gênero e de "raça": "Tanto o gênero como a 'raça' são coletividades paradigmáticas ambivalentes. Se bem que cada uma tenha características não partilhadas pela outra, ambas incluem dimensões político-econômicas e culturais. Gênero e 'raça', por isso, implicam tanto redistribuição como reconhecimento." Mas como? Não é simples, há a tal tensão: "Como podem as feministas lutar simultaneamente pela abolição da diferenciação de gênero e pela valorização da especificidade de gênero?", ou "Como podem os antirracistas lutar simultaneamente pela abolição da 'raça' e pela valorização da especificidade de grupos racializados?" Esse é o "dilema redistribuição-reconhecimento". Para Fraser, a solução está na distinção entre as perspectivas de *afirmação* e as de *transformação*. A primeira limita-se a reivindicar o Estado Social, as políticas públicas, a afirmação do multiculturalismo, o remédio é a visibilidade e o respeito das diferenças; a segunda requer a transformação, ou seja, um corte com a matriz capitalista, o fim da exploração e o socialismo, portanto a abolição da condição que impõe a discriminação.

A filósofa, que defende a conjugação das políticas do reconhecimento e das políticas da redistribuição para uma estratégia de transformação, sugere ainda uma distinção importante, argumentando que o reconhecimento não pode ser entendido estritamente como a promoção de uma identidade fixa. Em vez disso, deve ser entendido como um estatuto, porque as identidades são frequentemente coisificadas, conduzindo a posicionamentos alienantes, por isso aproveitados pela direita, como seriam os casos de alguns nacionalismos e fundamentalismos religiosos. Entender o reconhecimento como estatuto, ao contrário, permite centrar a atenção nas relações sociais e no lugar que os grupos subalternos nelas ocupam. Em vez de celebrar as diferenças coisificadas, ela propõe-nos implicarmo-nos na alteração da ordem simbólica e institucional, no caminho que vai de um pequeno passo, validar a identidade de um grupo, até ao objetivo, superar a desigualdade dos estatutos.

Veremos nos capítulos seguintes como este dilema entre reconhecimento e redistribuição se coloca em termos práticos em vários casos, como o dos movimentos feministas, o do antirracismo e o do nacionalismo. Neste capítulo discutirei somente alguns exemplos de obstáculos à exigência de reconhecimento, mostrarei como a identidade nacionalista pode tanto incluir como ocultar dimensões sociais importantes, e concluirei com o confronto entre quem teme a identificação (Fukuyama, Hobsbawm, Lilla) e quem promove o movimento que combina reconhecimento e distribuição (Fraser).

Brancos, saloios e crédulos

Ao rejeitar o reconhecimento das identidades oprimidas, a direita não está só a marginalizar minorias. Na verdade, está a generalizar a agressividade contra maiorias, como é o caso das mulheres. Ao olhar para a história, compreende-se que os conservadores levantem essas barricadas contra os direitos das mulheres. Donald Trump de forma desmedida, sobretudo antes da eleição, Jair Bolsonaro em todos os tons, Santiago Abascal, do Vox, na Espanha, de modo mais machista. Todos tomam as mulheres como um alvo importante, supondo que são vulneráveis. Ora, essa demarcação é feita pela negativa, usa o discurso da discriminação, mas precisa enunciar o ódio e relacioná-lo com uma ideia positiva e envolvente para a vida de uma grande parte da população. Atacar os direitos das mulheres é pouco para um projeto eleitoral vitorioso, como se viu com Trump. Ajuda a identificar um grupo, o dos homens brancos que se sentem humilhados pelas políticas de igualdade, mas foi preciso acrescentar uma outra ideia miraculosa, "America First", a promessa de que os mais esquecidos ganhariam agora o mundo.

O terreno estava preparado. E não era pelo sucesso da globalização e do neoliberalismo, era precisamente pelo seu fracasso. Robert Putnam, um sociólogo conservador estadunidense, tinha notado, entre outros, como a sociedade do seu país se estava a polarizar. Ignorando as identidades de classe, a sua preocupação é a diferenciação de rendimentos e, sobretudo, de comportamentos sociais. E Putnam (2015) registrou o declínio, no terço inferior dessa escala de rendimentos, do que chama de "capital social" (um termo abusivo que designa o poder simbólico e a capacidade de apresentação e representação na sociedade em função da educação e outros bens culturais, mas que aqui citarei para descrever as conclusões do autor, nas suas próprias palavras). Ao mesmo tempo, sem surpresa, a acumulação de "capital social" no terço superior ia crescendo. Putnam mede essa diferença por meio de depoimentos e estatísticas que descrevem variáveis como a prática de jantares de família (o autor dá muita importância aos jantares de família como sintoma da organização social), mas também a obesidade, o acesso ao desporto escolar, o *stress* financeiro e a formatação das redes de convívio, em que descobre sem surpresa uma desigualdade crescente. Como outro sociólogo notou, a probabilidade de uma criança filha das chamadas classes médias (a parte central da distribuição dos rendimentos) nos Estados Unidos ter uma profissão com um rendimento pelo menos igual ao dos pais passou a ser de 40%, ao passo que a dos filhos dos 5% mais ricos está acima de 90% (Sennett, 2013, p. 134). A desigualdade cria os seus desesperados.

O testemunho do raro êxito de um membro de uma família pobre dos Estados Unidos ajuda a compreender a oportunidade agarrada pelo movimento trumpista. James David Vance é licenciado em Direito em Yale, uma das escolas da elite, e tem agora funções dirigentes numa agência financeira em Silicon Valley, onde nos diz que vive com a família e dois cães. É uma história de sucesso. Mas o que o tornou conhecido foi um livro (e depois um filme) em que conta as suas memórias de infância e juventude numa zona degradada do país, mostrando como se acumulou indignação e tristeza com a marginalidade e a condenação da sua família e geração, de que terá sido o único a escapar. A família de J. D. tinha se mudado de Kentucky para Middletown, uma pequena cidade siderúrgica no Ohio, com 50 mil habitantes; são operários e brancos, com uma história de desespero, pobreza, fuga da escola, dependências de drogas e prisões; são uma família em que os filhos são criados pelos avós. Quase nenhum deles teve um emprego certo, uma "carreira", vivem da segurança social e do que aparecer.[8]

---

[8] Este processo de degradação social é mais geral do que o que se passou em Middletown: a expectativa média de vida nos EUA tem aumentado, enquanto a dos operários brancos, homens, diminuiu desde 1998. (Cf. Therborn, 2016, p. 35).

Escreve Vance:

> Na sociedade americana que tem consciência das questões de raça, o nosso vocabulário normalmente não vai além da cor da pele de alguém: 'negro', 'asiático', 'brancos privilegiados'. Às vezes, essas categorias amplas são úteis, mas para compreender a minha história é preciso prestar atenção aos detalhes. Posso ser branco, mas não me identifico com os 'brancos protestantes e anglo-saxões' do nordeste dos Estados Unidos. Ao contrário, identifico-me com os milhões de americanos brancos da classe operária, descendentes de escoceses e irlandeses, que não possuem um diploma universitário. Para essa gente, a pobreza é uma tradição familiar [...]. Os americanos chamam-lhes 'saloios', 'labregos', ou 'escumalha branca'. Eu trato-os por 'vizinhos', 'amigos' e 'família'. (Vance, 2017, p. 11)[9]

São estes estadunidenses pobres nas pequenas cidades, tratados como "labregos", que se sentem invisíveis – foram eles que desequilibraram as eleições presidenciais nos estados que deram a vitória a Trump, acreditaram na sua promessa de atenção e ascenso à grandeza. Ou seja, a história da família de J. D. Vance sugere que pode ter sido essa identidade na humilhação que decidiu o voto destes eleitores, que podem porventura acreditar nas vagas promessas do nacionalismo econômico do "America First", ou que simplesmente decidem gritar contra a sua condição de margem.

Esta promessa nacionalista tem então duas características. A primeira é a que remete para uma dimensão que importaria pouco aos "saloios" de Middletown. A alteração da balança comercial com a China não tranquilizará esta população. Mas o seu ressentimento contra a invisibilidade e contra o desprezo a que é sujeita convida a um discurso tremendista e antissistema, que Trump encarnou melhor do que ninguém (e que Bolsonaro repetiu: os *insiders* de sempre apresentam-se como contestatários antissistema). A segunda característica é que a questão social e,

---

[9] Num episódio célebre da sua campanha eleitoral, Hillary Clinton chamou a estes apoiadores de Trump "pessoas deploráveis" e, em 2018, Macron afirmou que pelas estações de trem passavam "pessoas que não são nada". O estilo repete-se.

em particular, a expectativa sobre a vida imediata, importa mais na determinação do voto do que qualquer narrativa contra o gênero ou outra identidade, mas esses discursos discriminatórios têm por função confirmar um conservadorismo profundo, no mesmo momento em que o mundo em que estas pessoas vivem e são infelizes se está a desmoronar. Ao prometerem ao homem pobre um poder desmedido sobre a mulher ou o desprezo pelos negros, estão a confirmar-lhe um sonho de brutalidade ancestral. Esta ilusão do poder é um paliativo barato e eficaz, que aliás enfraquece a capacidade de solução dos problemas sociais, mas cria uma ilusão potente. E é tudo o que é preciso para ter um sucesso eleitoral em tempos de medo.

A identidade nacionalista na era da globalização

Mais uma vez, aqui está outro exemplo de uma história que demonstra como se misturam a realidade e a ficção nas motivações para votar Trump. Os familiares e amigos de Vance detestam a burocracia que lhes paga os pequenos apoios da segurança social, acham que o Governo Federal e as elites de Washington e Nova Iorque se esqueceram deles e sentem que o mundo lhes faltou, mas o trumpismo usa esse ressentimento para construir uma ficção, uma tese política e uma forma de agir pela direita radical: mobiliza a vontade de vingança de trabalhadores brancos, empobrecidos ou desempregados e indigentes, de modo a que se sintam expropriados não pelo capitalismo mas por algumas vagas elites urbanas multiculturalistas que teriam excessiva tolerância com as minorias. Assim, nesta fantasia, a marginalidade econômica teria como causa os gastos com os imigrantes (ou com as mulheres), e por isso a solução seria recorrer à violência racial e de gênero para restabelecer a balança do domínio conservador.

Contra a vida econômica empobrecida e a percepção de uma ameaça na diversidade cultural e étnica, este nacionalismo (há outros, já se verá) promete uma homogeneidade ou uma normalização que a globalização já destroçou. Precisamente devido a essa tensão entre a realidade e a nostalgia do passado, "a idade da globalização é também a idade do ressurgimento nacionalista", escreve Castells (1997, p. 27). Sim, mesmo que a ideia de nação associada a um Estado próprio só se tenha tornado hegemônica ao longo do século XIX, ela tem raízes ancestrais, por isso renasce em cada período de crise global. Há quem a considere uma idealização, ou até que as nações são "comunidades imaginadas" (Anderson, 1983), mas o certo é que a sua força da identificação não pode ser subestimada e se tem revelado, ao longo dos tempos, uma poderosa alavanca política. A este respeito, contrariando as conclusões simplistas de Castells, José Manuel Sobral (2018, p. 85) nota a diferença entre nacionalismo cívico e nacionalismo binário, citando as fragilidades do cosmopolitismo como alternativa ao nacionalismo. Ora, se a globalização – que é de matriz financeira e, considerando as gigantescas multinacionais que a desenvolvem, ininfluenciável pela opinião passiva das populações, destrói elementos essenciais de referência, e se, ao mesmo tempo, anula os espaços em que se poderia exercer um poder mediador e protetor, o nacionalismo cívico torna-se uma alternativa ao nacionalismo binário, dado que a identificação nacional não pode ser abandonada por uma política popular e é o seu lugar de resistência. Onde essa referência foi desprezada, a direita passou a hegemonizar duradouramente a vida pública e o ascenso de Trump, Bolsonaro, Modi ou Salvini é testemunho desse movimento.

Outra das consequências da perda de identidades sociais e coletivas, no contexto da globalização, é a emergência de referências dissonantes que ocupam o vazio, sejam religiosas, sejam étnicas. Nota Castells que

> para os atores sociais excluídos ou resistindo à individualização da identidade ligada à vida nas redes globais de poder e de riqueza, as comunas culturais de fundamento religioso, nacional ou territorial parecem garantir a principal alternativa para a construção de sentido na nossa sociedade. (Castells, 1997, p. 65)

A pertença étnica é frequentemente reforçada por uma identidade religiosa ou nacional:

Afirmo que enquanto a raça é relevante, provavelmente mais do que nunca como fonte de opressão e discriminação, a etnicidade está a ser especificada como uma fonte de sentido e de identidade, não para ser fundida com outras etnicidades, mas sob princípios amplos de autodefinição cultural, como a religião, a nação ou o género. (Castells, 1997, p. 53)

A criação de comunidades, ou aquilo a que chama "identificação de resistência", é fortemente impulsionada pelas religiões, com consequências muito variadas, e nem sempre de resistência mas muitas vezes de opressão, a que voltaremos nas conclusões.

Nacionalismo binário ou cívico

O nacionalismo pode tomar várias formas, além das que já citei. Pode ser supremacista, como testemunha o entendimento do Likud, o partido de Netanyahu, que tem governado Israel e que fez aprovar legislação para sobrepor o estatuto da população judaica ao dos cidadãos de origem árabe. Ou o nacionalismo de Modi, na Índia, que fez aprovar uma lei da nacionalidade para excluir a minoria muçulmana. Pode ser ainda uma expressão de uma nacionalidade oprimida, como se verificou, por exemplo, na crise catalã que tem vindo a abalar a Espanha, em particular desde 2018. E até pode ser as duas coisas simultaneamente.

Amin Maalouf, um jornalista e escritor de origem libanesa que vive na França desde o início da sua idade adulta, chama a estes nacionalismos, ou a alguns deles, "identidades assassinas" (Maalouf, 1998/2009). Mas a sua crítica agreste é perturbada pelas histórias que conta: o livro em causa cita o exemplo de um jovem nascido na Alemanha de pais turcos, que se sente alemão e é cidadão alemão, mas para a maioria dos seus vizinhos é turco, enquanto é visto como alemão pelos que são originários de famílias como a sua e se identificam com a Turquia. Ele tem uma nacionalidade que sente como sua, mas não é reconhecido como tal. Portanto, é uma vítima da ambiguidade, que neste caso é constituída pela falta de tolerância e aceitação da diversidade de ambos os lados. Ora, uma nacionalidade não tem de ser assassina nem um testemunho de pureza ancestral, deve, ao contrário, reconhecer-se como o lugar das múltiplas origens que fazem um território com uma história – e sempre foi assim, quisessem ou não os poderes circunstanciais. Portugal não é lusitano, é uma mistura de povos do Norte com povos mediterrânicos, árabes, judeus, africanos e outros que aqui chegaram ou foram trazidos. O Brasil é uma mistura, que foi tantas vezes trágica, de povos originários, de escravos e de imigrantes de muitas origens. É verdade que houve muita violência nesses caminhos da história, que os Estados construíram os sentimentos nacionais e que não o fizeram nem consensual nem democraticamente, mas foi assim que chegamos ao mundo de hoje.

Maalouf quer "domar a pantera" dos nacionalismos, como diz, tratando-os como um animal feroz à solta, mas tem poucas sugestões a apresentar para realizar essa tarefa. Pede reciprocidade e universalismo, o que é fácil de dizer e difícil de fazer, e só tem a oferecer a aprendizagem de uma língua franca, o inglês, para concretizar tais objetivos. O problema é que o inglês já é a língua universalmente dominante, mas o seu progresso como meio de comunicação em nada alterou as contradições da globalização, se é que não agravou a diferenciação crescente entre as classes dominantes e as dominadas, criando novas barreiras de comunicação entre os de cima e os de baixo, particularmente nos países mais pobres e com menos recursos educativos. Resta a alternativa de um "nacionalismo cívico" que vive bem com um internacionalismo cooperativo, apoiando-se em sentimentos de pertença comum para rejeitar tanto a expansão do capitalismo, que coloniza toda a atividade humana, quanto o esvaziamento da soberania, que impede a expressão democrática dos povos.

As máquinas para destruírem a comunidade

E aqui chega-se a um novo paradoxo. Apesar desta reivindicação do espaço nacional como constitutivo da sociedade, é a individualidade que é aceita como a base dos direitos legais.

A noção legal de comunidade assenta no lugar do indivíduo, mas esta relação institui uma fragilidade porque, na realidade, a política dominante não decorre de direitos, mas de posições, não reconhece a presença, mas remete para a delegação e, portanto, para a ausência. O poder de votar está estabilizado como o direito ou o dever de se fazer representar e não de se apresentar. A invocação dos direitos individuais inclui desse modo uma ficção, a de que cada pessoa é reconhecida, ao mesmo tempo que o discurso globalizador tem ensaiado uma desvalorização dos espaços nacionais em nome de soberanias transferidas para outras formas de poder, sugerindo que as comunidades históricas não precisam ser reconhecidas.

As identidades opressivas agravam esse perigo, dado que pretendem reconhecer mas desconhecem, por imporem uma cultura de submissão. É o caso, em particular, das identidades transcendentes, como a estabelecida pela religião, outra das identidades "milenares". Mas a religião é muitas coisas ao mesmo tempo. É uma cultura, um conjunto de regras de vida em comum referidas a uma autoridade que se pretende inquestionável, é também uma hierarquia e é, dessa forma, um poder social. Esse poder trata a individualidade de modo opressivo: as igrejas, em particular as das grandes religiões monoteístas, apoiam-se numa cultura do reprimido, em que o *eu* interior é o lugar do pecado e em que a expressão coletiva é o cerimonial do temor. No caso das seitas pentecostais, é a exibição do fervor místico que domina os atos de culto.

Deste modo, os vários poderes de grandes igrejas têm sido instrumentalizáveis para um meticuloso trabalho de organização social para criar a polarização tribal. Um exemplo de sucesso dessa organização é a expansão de igrejas neopentecostais e, em particular, da Teologia da Prosperidade, nos EUA, em África, na América Latina e embrionariamente na Europa. Esta teologia é a réplica inversa da Teologia da Libertação que, particularmente nos anos 1970 e antes de ser destruída pela repressão conduzida a partir do Vaticano pelo então cardeal Ratzinger, futuro papa Bento XVI, tinha organizado uma referência agregadora de aspirações coletivas contra a pobreza e a repressão, na América Latina e sobretudo no Brasil. A doutrina da Teologia da Prosperidade é o oposto, afirmando que o enriquecimento individual é uma confirmação do contrato com Deus (desde que sejam feitos donativos generosos para a Igreja). Estes profetas ensinam que Jesus teria sido rico, demonstrando que a pobreza é uma punição para quem não obedece. A teologia sobrepõe-se desta forma ao individualismo melhorista que foi o mantra do liberalismo nos anos 1980 e 1990, mas acrescenta-lhe uma dimensão messiânica, pregando que enriquecer é o mandado divino, procurando assim estabelecer uma base de segurança para os despossuídos. Alimentada pelo sucesso do tele-evangelismo, essa doutrina é representada por homens de negócios que, em alguns casos, criaram multinacionais e não escondem a sua fortuna e poder (Mark Burns foi orador na convenção do Partido Republicano dos EUA, Creflo Dollar tornou-se famoso por compras de aviões e bens de luxo e, como Joel Osteen e outros, dirigem igrejas com cerimônias com milhares de participantes). No Rio de Janeiro, a adesão a estas igrejas neopentecostais ultrapassa já a da tradicional Igreja Católica, e o apelo eleitoral de Bolsonaro foi suportado pela adesão majoritária destes fiéis. Em todos estes casos, esta teologia aponta para uma sociedade subordinada à autoridade religiosa, uma teocracia. O pesadelo da república integrista religiosa é a construção identitária no seu grau mais elevado.

A identidade tribal promovida por estas duas formas de expressão, o nacionalismo supremacista e o integrismo religioso, eis o instrumento da estratégia de Trump, ou dos que podem segui-lo. Com ambas as vozes, a da exclusão por via do nacionalismo e a da devoção por via das igrejas, essa estratégia promove a tentativa de abolição de referenciais universais, como sejam a aceitação da diferença ou a democracia que inclui, e satisfaz-se com uma fragmentação desesperada. É mesmo o que pretende e é por isso que conduz a uma teologia do medo, oferecendo o refúgio do autoritarismo. Como seria de esperar, os seus métodos promovem essa cultura do temor, nomeadamente quando criam uma hipercomunicação sem intermediação, por meio da tempestade de notícias falsas e da emocionalização de todas as mensagens em ambiente paranoico, gerando um campo tribal inexpugnável à racionalidade argumentativa e, portanto, imune à política. Onde triunfam os tiranetes, ou os seus discípulos, é na terra queimada da comunicação e da democracia que são esvaziadas como conversa e disputa.

O triunfo do identitarismo opressor à direita

A modernidade liberal, assente numa arrogante definição da racionalidade dos mercados, apresentados como gigantescas máquinas de cálculo social assegurando a promoção pessoal dos melhores, promoveu intensamente o individualismo. No entanto, o identitarismo autoritário de Trump adquiriu uma nova escala, como antes argumentei. É messiânico à sua maneira, ergue-se aos ombros de um nacionalismo opressor e mobiliza a plebe em torno de um chefe. A salvação passa a ser enunciada no plural de um coletivo autoritário. Em vez do sucesso, é a obediência que conta.

Quando olhamos para trás, percebemos que esta cultura de dominação tem pergaminhos, recapitula o imperialismo e mesmo o racismo mais serôdio. Samuel Huntington, professor da Universidade de Harvard, conselheiro de segurança do presidente democrata Jimmy Carter, depois de ter sido consultor de regimes ditatoriais e do *apartheid* sul-africano, foi um dos destacados promotores da ideia de que esta identidade será o fundamento das futuras guerras. Os neoconservadores estadunidenses, que chegaram à Casa Branca com o segundo presidente Bush, pretenderam reescrever o império moderno como uma herança das grandes cidades da antiguidade, Jerusalém e Atenas, onde teriam nascido os valores milenares da política e da família. Essa religiosidade foi mobilizada no desenho de uma nova epopeia no Afeganistão e depois no Iraque, como uma "guerra contra o Islá", assente numa narrativa de pureza cultural e racial que é grotescamente falsa.

O caso dos Estados Unidos é ainda mais evidente, por ser um país recente, resultado da maior migração da história da humanidade, dado que, entre 1820 e 1914, 30 milhões de migrantes chegaram às costas dos EUA (até ao final da década de 1860, este número ainda inclui escravos) com mais 20 milhões entre 1871 e 1911. No mesmo período, a Argentina e Brasil somaram 6 milhões de imigrantes (até pelo menos 1866 o Brasil importava massivamente escravizados africanos), a Austrália e a Nova Zelândia 2,5 milhões, nada que se compare com os EUA. É certo que este último é o único Estado, entre os do Norte, que reconhece na Constituição o direito à nacionalidade pelo nascimento no território, mesmo que com restrições, o que não é aceito por qualquer país europeu ou asiático (Chua, 2018, p. 17, 27). Mas nem por isso foi um país de integração, dada a fratura racial: até ao início do século XX e, em alguns casos, até quase ao final desse mesmo século, os negros, que tinham sido escravizados, eram legalmente desprezados, os nativos não tinham direito à nacionalidade, havia cotas para judeus, os asiáticos eram impedidos de ser proprietários agrícolas na Califórnia, os mexicanos eram assassinados nas disputas pela terra. O tribalismo dos colonizadores brancos tem essa profunda raiz histórica e, portanto, quando reemergiu como fator determinante na política interna no século XXI, era de esperar que conseguisse estabilizar uma base de massas, sob a batuta de Trump, e que continuará depois dele.

Assim, a direita tem uma estratégia. Ela não é cordata, ao contrário, procura destruir as regras institucionais e as normas constituintes do espaço público que vigoraram em vários países durante os anos do pós-guerra ou das pós-ditaduras, incluindo as garantias constitucionais e legais da vida social. Cria uma mitologia do poder assente numa vaga ideia de liderança carismática com apoio de massas. O identitarismo à direita não é moderado nem convive com a alternância que estabilizou os parcos mecanismos de compensações sociais durante décadas em vários países. Bate--se por uma sociedade ordenada, submetida a cultos religiosos e mobilizada por ódios e referências autoritárias. A direita de hoje é antidemocrática por convicção e por ação.

E se isto não ficar por aqui?

Deste modo, o reagrupamento e a reconstrução ideológica da direita recuperaram muitos dos elementos da tradição pré--democrática. Esse movimento tornou-se tanto mais agressivo quanto ganhavam expressão a transformação legislativa e as políticas públicas de igualdade de direitos (por exemplo, a ação afirmativa com cotas para grupos étnicos minoritários nas faculdades, a proteção de portadores de diversidade funcional, o direito ao aborto, o casamento de pessoas do mesmo sexo) e tanto mais regressivo quanto a identidade reclamada pela direita era corroída pela banalização do reconhecimento de diferenças. Este livro foi aberto enunciando uma dessas estratégias de reagrupamento das direitas, a de Steve Bannon e Donald Trump, e mostrando como foi bem-sucedida nos Estados Unidos e noutras disputas eleitorais. Acrescento agora a referência a outra forma dessa estratégia superidentitária, a da criação de ícones.

Esta estratégia baseia-se na nomeação de referenciais heroicos, ou pelo menos imbuídos de autoridade transcendental. Os profetas ou bispos pentecostais são figuras designadas com essa característica, mas existem outros, mais profanos mas não menos hierárquicos. No caso do Brasil foi o papel desempenhado pelo juiz Sergio Moro, que investigou, julgou e condenou o antigo presidente Luiz Inácio Lula da Silva, angariando a fama de cruzado anticorrupção, pelo menos para o eleitorado identitário da direita brasileira, aliando-se a Bolsonaro, até entrarem em guerra entre si. Na Espanha, o Vox, partido de extrema-direita, foi também dirigido na sua primeira campanha eleitoral bem-sucedida, em dezembro de 2018 na Andaluzia, por um ex-juiz de família (que tinha sido afastado da magistratura por se recusar a reconhecer, num caso, uma sentença que estabelecia o direito de uma mãe sobre os seus filhos).

A imposição de uma ficção de mando inquestionável e temível conforta perfeitamente a gestão do imaginário de um chefe a quem a população deve prestar devoção, ou seja, constrói a essência de uma organização tribal. O líder tribal é a expressão acabada do discurso contra a "política", que é o refrão tão bem ilustrado nas presidências de Trump e Bolsonaro. Eles, os presidentes, são os que não são da política, são os que conduzem. A identidade da direita resume-se a essa submissão, para o que necessita de uma cultura de devoção intensa, a que se tem chamado, com algum simplismo, de populismo.

Para que serve a identidade?

Regresso a Fukuyama e à sua preocupação com as políticas identitárias, que seriam "uma das principais ameaças" à democracia. É tempo de perguntar: quais políticas e por que são uma ameaça? A primeira família destas políticas inclui a constelação de nacionalismos e também outras formas de expressão cultural, como as religiosidades, que discuti nos parágrafos anteriores. A segunda família destas políticas, que agora aqui importa, inclui algumas das grandes lutas da história moderna, em particular nos EUA, que são aquelas a que se refere o politólogo, contra a escravatura e depois pelos direitos civis, pelos direitos laborais, pelos direitos das mulheres e, em geral, pela expansão da esfera da igualdade (Fukuyama, 2018, p. 41). Mais recentemente, nasceram movimentos como o Black Lives Matter, a partir do protesto contra a violência policial em Ferguson, no Missouri, em Baltimore e em Nova Iorque, ou o #MeToo, depois da revelação de abusos sexuais por figuras de Hollywood.

Esses movimentos surgiram e cresceram por serem socialmente necessários, e não por configurarem uma qualquer estratégia política. Exigiram o reconhecimento e o combate ao racismo ou ao sexismo e, se foram necessários, é porque a sua questão não estava resolvida. Fukuyama argumenta que a peculiaridade destes movimentos é um processo de identificação assente na experiência vivida pelos seus e pelas suas participantes, não podia deixar de ser esse o ponto de partida, e até reconhece que são bem-vindos.[10] É também evidente que a experiência vivida diferencia esses grupos de outras partes da sociedade que não sentiram estas formas de opressão. Ora, ao registrar estes fatos, torna-se claro que, em vez de constituírem uma ameaça, estes movimentos identitários são fundamentais para o reconhecimento e para a representação, indicando uma primeira resposta a problemas sociais (mas é só uma primeira resposta e a experiência vivida não é uma base suficiente para uma identidade coletiva, como argumentei anteriormente). Essa resposta é uma reclamação de dignidade. Ora, não se podendo opor os dois conceitos de dignidade, o que assenta nas liberdades e direitos individuais e o que se determina nas identidades coletivas (como uma classe, uma comunidade, ou até uma nação, ou uma religião), a democracia exige o seu pleno reconhecimento. A crítica de Fukuyama (2018, p. 137) remete então para uma questão de identidade da identidade, dado que o que ele critica é o que entende ser a estratégia das esquerdas: "O decréscimo das ambições de reformas socioeconômicas em larga escala convergiu com a adoção pela esquerda das políticas identitárias e do multiculturalismo nas décadas finais do século XX" e, assim, terá passado da luta pela igualdade para a defesa de setores marginalizados. Ou seja,

> o programa da esquerda mudou para a cultura: o que precisava ser desfeito não era a presente ordem política que explorava a classe operária, mas a hegemonia da cultura e dos valores ocidentais que

---

[10] O Black Lives Matter e outros movimentos trouxeram "mudanças bem-vindas que beneficiaram muita gente" e "não há, portanto, nada de mal nas políticas identitárias como tais; são uma reação natural e inevitável à injustiça", segundo Fukuyama (2018, p. 133, 139). O autor reconhece ainda que não se pode abandonar a ideia de identidade, mas argumenta que é necessário procurar identidades amplas (p. 147).

> reprimia as minorias em casa e nos países em desenvolvimento no estrangeiro. (Fukuyama, 2018, p. 137)

É uma caricatura, mas, como uma boa caricatura, mantém algum traço da figura desenhada, acertando pelo menos na constatação desse recuo na ambição de transformação social por parte de setores importantes da esquerda, ou da sua passagem para o centro (a social-democracia europeia) ou mesmo para a direita (nos países do Leste europeu). Ele até descobre uma ruptura entre o marxismo clássico, iluminista e racionalista, e uma nova esquerda, na verdade já algo idosa, que seria inspirada em Nietzsche e em niilismos relativistas. Outros afirmam que um pós-estruturalismo tomou conta da esquerda, sem objetivos, sem ideias, sem valores, sem uma linguagem e até sem uma racionalidade comum. Ora, a perda de energia revolucionária e de programa transformador por parte dessa esquerda, incluindo alguma de origem marxista e transformada num conservadorismo, não pode ser confundida nem pode justificar qualquer recuo que abandone a luta pela convergência de identidades abrangentes na luta popular, o que nos movimentos feministas da terceira vaga se chamou de aliança intersecional. Em todo o caso, a esquerda tem frequentemente falhado e isso tem consequências.

O identitarismo é um pós-modernismo que é um liberalismo?

Os debates anteriormente citados sobre a identidade individual ou sobre os valores referentes mostram que somos definidos pela vida social. Mas então, como é que vivemos socialmente? Uma das respostas será: fazemos parte e movemo-nos dentro de uma cultura que é uma referência comum da nossa comunidade ou do nosso espaço. A gramática social, a linguagem, as aprendizagens, os modos de expressão, as regras de vida, as leis e restrições, são a história da nossa identidade. Nesse sentido, elas e eles sou eu. Só que todos nos movemos ao longo do tempo e das gerações.

Para resumir uma história muito longa e cheia de luzes e sombras, a identidade das sociedades mudou radicalmente ao longo dos últimos cinco séculos, que nos trouxeram, para a maior parte das sociedades, do feudalismo até aos dias de hoje. A modernidade, sob as suas várias formas, lentamente até as revoluções do final do século XVIII na América do Norte e na França, depois aceleradamente com as revoluções industriais e a vitória das burguesias ocidentais, e finalmente com o século XX, passou a gerar uma nova sensação de identidade, como uma experiência pessoal da vida num turbilhão de mudança, de possibilidades e de perigos, também de desorientação, o que o crítico cultural Marshall Berman descreveu usando uma expressão célebre do *Manifesto Comunista*, de Marx e Engels: "tudo o que é sólido se dissolve no ar" (Berman, 1983, p. 345). Marx e os seus acreditavam na força prometeica do progresso como parteira da História, e o passado só parecia confirmar a sua visão, com a transformação industrial e social a que estavam a assistir, com a Primavera dos Povos, com as grandes revoluções de meados do século XIX, até a Comuna de Paris, em 1871. Só que o passado não determina, mesmo que condicione o futuro. A energia modernizadora é a contradição do capitalismo, mas não escreve a sua evolução, ela depende da disputa social concreta.

Entretanto, e mesmo por causa dessa incerteza constitutiva do mundo, a modernidade é sentida como um caleidoscópio, como um processo fluido e incerto ou, como lhe chamou Bauman, como uma vida líquida. A liquidez torna mais perecíveis e volúveis as referências sociais e culturais e, portanto, também a identidade de cada qual. O mundo move-se. Por isso, o modernismo mobilizou formas diferentes de crítica à modernidade e, na cultura, exprimiu-se de forma muito variada, tanto sob a forma de algum triunfalismo da razão técnica quanto como um juízo radical sobre os dramas do seu tempo e a dilaceração de quem vive submetido à tormenta da modernização.

O problema é que essa dissonância tem um preço. Charles Baudelaire, poeta e ensaísta, testemunha lúcida e fulgurante do seu século XIX, pressentiu nela uma clivagem: "A modernidade é o transitório, o fugitivo, o contingente, a metade da arte, cuja outra metade é eterna e imutável."[11] Imutável e fugitiva, a cultura moderna seria assim tudo e o seu contrário, uma amálgama de significados e de discursos. Seria, em todo o caso, moderna, na forma de expressão e no mundo que conta ou que cria. No entanto, ao longo do tempo, essa multiplicidade de expressões acentuou a clivagem ou, como afirma Berman (1983, p. 17), fragmentou ainda mais a cultura contemporânea:

> à medida que o público moderno se expande, quebra-se numa multitude de fragmentos, falando incomensuráveis línguas privadas; a ideia de modernidade, concebida de numerosas formas fragmentárias, perde muita da sua vivacidade, ressonância e profundidade, e perde a sua capacidade de organizar e dar sentido ao significado das vidas do povo.

O culminar desse processo de fragmentação é o pós-modernismo, que tem tido a pretensão de constituir uma nova cultura, uma experiência abdicando das "grandes narrativas" do progresso, do socialismo ou do progresso modernizador. O pós-modernismo seria assim a cultura do capitalismo tardio, assente numa estética da multiplicação do efêmero, da desintegração de significados, ou um elogio da superficialidade.[12] O pós-modernismo convive por isso com um liberalismo que permite e até estimula identidades, logo desarmando-as como narrativas individualistas e em que todos os sentidos se sobrepõem, não havendo espaço nem de reconhecimento nem de combate social. Mas, ao assistirmos ao triunfo desse pós-modernismo e do liberalismo, não se podia antecipar o que viria com Trump e os seus seguidores.

---

[11] Baudelaire discutiu a modernidade num conjunto de três fascículos, *Le Paintre de la Vie Moderne*, que publicou em 1863 no jornal *Le Figaro* e que inclui o extrato citado.

[12] Alguns autores referem-se a uma atitude que combate este pós-modernismo, a que chama "pós-modernismo crítico". Não discutiremos aqui essa abordagem, se bem que registremos a sua diferença em relação ao pós-modernismo.

O que ensina a vitória de Trump em 2016 (e a sua derrota em 2020)

Devemos talvez ir mais longe e voltar a perguntar sobre os fundamentos das identidades no tempo do liberalismo mais agressivo. É que há um paradoxo: há muitas identidades e estas ainda podem cruzar-se e multiplicar-se. Por exemplo, entre as identidades dominantes, podem cruzar-se um sentimento nacionalista e um religioso; nos casos de identidades oprimidas, podem alinhar-se as identidades de uma mulher negra lésbica, ou de um trabalhador de origem asiática, cuja sobreposição pode ser geradora de outras formas de opressão. Por isso, o que identificam parece demasiado confuso e, assim, podem não identificar nenhum grupo e só apontar pessoas isoladas.

Além disso, existe uma forma de "individualismo em rede" que constitui uma recuperação radical do individualismo. É aquele a que um autor chama de "modelo Facebook da identidade": eu determino o meu perfil, verdadeiro ou fantasioso, faço as minhas associações, escolho ou procuro "amigos", noto os *likes* e *dislikes* e os compartilhamentos, sei tudo acerca do meu eu, que não é formatado por "histórias comuns ou (pelo) bem comum ou até por ideias" (Lilla, 2017, p. 87-89), mas unicamente pela minha função como deus deste meu universo. Volto ao que Freud descobriu, ou outros antes e depois dele: as identidades formam-se no contato social, o reconhecimento é uma aprendizagem e, então, evolui. Só que evolução não quer necessariamente significar progresso, pode ser regressão. Com efeito, se o mundo globalizado gerou e disseminou uma tecnologia da solidão, como este modelo de identidade Facebook, ela pode ser aproveitada para erguer barreiras e para acentuar personificações de ódios. Como se provou com os vários êmulos de Trump, assim a direita identitária pode ganhar. Em que se fica então? Há identidades que pretendem o reconhecimento, mas são demasiadas, e há também formas de referência identitária nas redes sociais que facilitam o desreconhecimento e promovem o ressentimento?

Um politólogo e ensaísta, Mark Lilla, que ensina na Universidade de Columbia em Nova Iorque, entende que o problema é mesmo essa multiplicidade e essa vulnerabilidade do "modelo Facebook", termo por ele cunhado. Lilla é um liberal tradicional, apoiante do Partido Democrata nos Estados Unidos, empenhou-se na campanha de Hillary Clinton em 2016. Desgostoso com o resultado, discutiu as razões para o fiasco num livro polêmico. O seu inventário é cruel: a direita trumpista ganhou porque conquistou a imaginação popular, projetando uma imagem do que deve ser a comunidade e a vida de cada um (America First) e controlando a agenda política (imigração), mas o seu caminho foi facilitado pelo partido de Clinton, que se isolou por ter defendido uma "política de identidade".

A defesa de identidades não reconhecidas, ou de movimentos feministas, LGBT+, negros e outros teria sido, para Lilla, o início da hecatombe. Diz ele que as identidades reforçam o individualismo, deixam os grupos em causa mais vulneráveis, pois se focam em grupos minúsculos, replicam "eufemismos inofensivos" e promovem a despolitização, por não se situarem no terreno eleitoral (Lilla, 2017, p. 12, 14, 137). Curiosamente, deste modo Lilla valoriza Trump (e desmerece assim a sua candidata, embora nunca critique a sua campanha), comparando o seu sucesso ao de Reagan, que se teria adaptado ao conceito que a maioria da população tinha de si própria, cultivando no seu tempo a imagem popular do negócio individual e da meritocracia como o caminho para o sucesso, desprezando desse modo as políticas de igualdade e redistribuição.

Em todo o caso, Lilla (2017, p. 60-61, 64, 77, 83, 104, 129) tem uma visão positiva dos movimentos sociais no seu país, mas só até os anos 1980. Esses "movimentos sociais baseados na identidade – pela ação afirmativa e diversidade, feminismo, libertação *gay* – tornaram este país mais tolerante, mais justo, e um lugar mais inclusivo do que era há 50 anos". Assim teria sido com o movimento dos direitos civis dos afro-americanos, que contrariavam a identidade racial do "negro" imposta pelos escravagistas e que procuravam "tornar a diferença impotente", ampliando a democracia, ou com as duas primeiras vagas de feminismo e o movimento *gay* inicial. Depois veio a idade da "crise de identidade", escreve Lilla, e uma bem sucedida política de solidariedade deu lugar ao fracasso da "pseudopolítica de identidade", com a individualização do reconhecimento, a heroicização da vítima que procura tomar consciência da sua opressão e o "fascínio obsessivo com as margens da sociedade", um movimento que se concentrou nos *campi* universitários, lugares isolados de um "teatro da pseudopolítica". O autor é particularmente ácido em relação ao Black Lives Matter, que teria evitado a construção de solidariedades contra o abuso policial e se teria remetido para uma acusação geral contra a sociedade, e argumenta que a resposta está na recuperação eleitoral dos Democratas, promovendo a ideia de cidadania contra a de identidade pessoal e usando uma linguagem política que transcenda essa individualidade.

Esta descrição é reveladora de duas dificuldades. A primeira é que, ao lembrar o efeito civilizador das lutas pelos direitos cívicos, seja dos movimentos negros seja das feministas, Lilla é obrigado a inventar uma fronteira artificial em relação aos movimentos herdeiros dessas vagas, como se os anos 1960 e 1970 não tivessem sido marcados também por movimentos de consciência, como foi o caso dos primeiros movimentos feministas dessa era. Na verdade, cada vaga feminista ergueu-se sobre a anterior. A segunda dificuldade de Lilla é que, ao ignorar o fracasso da campanha de Hillary Clinton, representante da ala direita do Partido Democrata e da sua ligação à finança, evita responder à pergunta mais imediata: não foi precisamente a escolha desse discurso e dessa personalidade que tornou viável a candidatura de Trump, que ainda há um par de anos pareceria folclórica e inviável? Se a sua resposta era Clinton, ficamos na solução liberal, que é por natureza individualista, que despreza a população carente e os seus direitos e que, então, não gera uma imaginação coletiva que reconstitua a democracia.

Ora, o que permitiu Trump foi a "ausência de uma esquerda autêntica", responde Nancy Fraser. Para ela, a aliança do Vale do Silício e do capitalismo financeiro com a família Clinton deu-lhes a vitória em 1992 e a presidência durante oito anos, mas a ilusão de que promoveriam uma política progressista desfez-se quando a Casa Branca promoveu o desmantelamento da regulação bancária herdada de Roosevelt 60 anos antes. Terá sido então essa política que promoveu o culto do individualismo, na sequência da era reaganiana, contrariando as propostas emancipatórias e de políticas sociais, e não os movimentos que procuravam formas de protesto e de afirmação (Fraser, 2017, p. 88).

Quatro anos depois, com a eleição presidencial de 2020, os fatos ainda só permitem uma resposta ambígua a esta questão: Lilla dirá que Biden é a continuação de Clinton, um democrata situacionista que representa a ala mais conservadora do seu partido, e que por isso derrotou Trump; Fraser poderá responder, ou os que pensam como ela, que foi a energia do movimentos dos jovens e dos movimentos negros, e o voto das mulheres, que conseguiram transformar esta eleição num plebiscito anti-Trump e, assim, dar a vitória a Biden, precisamente porque não abdicaram do reconhecimento e não deixaram de contrariar a ignomínia do supremacismo branco e do machismo.

Uma esquerda zangada com as identidades

Eric Hobsbawm (1996), um conhecido historiador marxista britânico, discutiu esses mesmos problemas há pouco mais de 20 anos numa conferência apresentada em Londres. O seu ponto de partida era diferente do de Fukuyama e do de Lilla, ambos alinhados com posições conservadoras e liberais, apesar de anti-Trump. Hobsbawm, por sua vez, parte de uma posição comprometida com um movimento operário com longas tradições de luta e de organização sindical e é a partir do debate sobre a sua estratégia que olha o que chama de políticas de identidade.

Hobsbawm argumenta que estes movimentos são recentes (a partir dos anos 1960) e inspirados sobretudo por experiências estadunidenses, num contexto político muito marcado pela opressão das minorias étnicas. Cita Daniel Bell (1975, p. 171), que, num livro de 1975, argumentava que é a "quebra das estruturas tradicionais de autoridade social e das unidades sociais de afetividade, historicamente a nação e a classe, que tornam a ligação étnica mais saliente". Essa "gigantesca revolução cultural" produz uma "dissolução extraordinária das normas sociais tradicionais, das texturas e valores, o que deixa muitos habitantes do mundo desenvolvido como órfãos", afirmava Bell. Assim sendo, e de acordo com Bell, Hobsbawm reconhece que há uma atração para essas formas de identificação, como uma proteção no contexto de sociedades inseguras e a braços com uma crise de referências culturais. Nós somos diferentes deles, essa seria a forma de reconhecimento nesse mundo em mutação.

Daniel Bell vai ainda mais longe. E era natural que assim acontecesse, dado que o seu ponto de partida era uma visão de crise das estruturas de autoridade e unidades afetivas, como a nação e a classe, que abriria o campo a outras identidades e à dissolução de laços comunitários. Nesse contexto, a identificação passaria a ser uma escolha volúvel e, como tal, intercambiável e múltipla, dependendo dos contextos, e sempre perigosa.

A partir desta constatação reticente, que é conservadora, Hobsbawm pergunta-se por que tais "grupos de identidade", que inicialmente não teriam sido considerados importantes na política da esquerda, ganharam entretanto um papel mais destacado.

> Basicamente, os movimentos políticos e sociais da esquerda, os inspirados pelas revoluções americana e francesa e pelo socialismo, eram coligações ou alianças de grupos, mas juntos não pelos objetivos específicos de um grupo, mas por causas grandes e universais por meio das quais cada grupo acreditava que os seus objetivos particulares iriam ser realizados: a democracia, a República, o socialismo, o comunismo, ou o que fosse. [...] O projeto político da esquerda é universalista: é para todos os seres humanos. É por

isso que a esquerda não se pode basear em política de identidade.
(Hobsbawm, 1996, p. 4)

Assim, estar-se-ia a passar do universalismo para o particularismo. O autor reconhece, no entanto, que deve haver uma aliança: "A agenda mais vasta da esquerda, como é natural, significa que apoia muitos grupos de identidade, pelo menos durante algum tempo, e eles, por sua vez, viram-se para a esquerda." Mas o que ele critica é o que interpreta como a transformação da esquerda numa coligação de grupos minoritários, "porque conquistar maiorias não é o mesmo que somar minorias" e essa opção poderia levar a esquerda a uma "desintegração numa pura aliança de minorias" e "ao declínio dos grandes *slogans* universalistas do Iluminismo" (Hobsbawm, 1996, p. 7).

Como quem lê estas linhas logo verificou, o que escrevem Hobsbawm, marxista britânico, e Lilla, liberal do partido democrata estadunidense, não é muito diferente. Um e outro chegam a conclusões parecidas, o primeiro a partir da visão tradicional de um partido comunista europeu empenhado na vitória do Partido Trabalhista britânico, o segundo a partir de uma visão pragmática de um partido do *establishment* estadunidense e da facção dos Clinton. Ambos temem a emergência de posições e discursos que veem como particularistas e lastimam a perda de um sentido de unificação de uma alternativa global, que promovem no âmbito dos seus sistemas bipartidários. E ambos mitificam o Iluminismo, que prometeu mais do que iluminou.

No caso de Hobsbawm, no entanto, o ofício de historiador ensina-lhe algo mais. Ele percebe, pelas lições do passado, que "existe uma forma de política de identidade que é realmente abrangente, na medida em que se baseia num apelo comum, pelo menos nos confins de um só estado: o nacionalismo cidadão". Foi essa referência que Thatcher disputou e que ganhou aos seus adversários políticos; é essa referência que é usada por Bannon, Trump, Salvini, Erdogan, Orban, Modi e tantos outros, embora sob a forma extremista de "nacionalismo binário" e opressivo, para utilizar a expressão antes citada de Sobral. Ora, como lembra Hobsbawm, nem sempre a direita hegemonizou a referência da nação e, ao contrário, os movimentos revolucionários ganharam quando se estabeleceram como porta-vozes do sentimento coletivo: o grupo de representantes do Terceiro Estado – do povo – na Assembleia Francesa de 1789 declarou-se "a nação" para enfrentar a minoria da aristocracia, criando assim a política moderna. Disputaram e assumiram a representação do todo, em nome do todo. Mas criaram deste modo uma identidade, a identidade nacional, associada à soberania popular. E não escreviam Marx e Engels no seu *Manifesto Comunista* de 1848 que "dado que o proletariado deve antes de mais adquirir a supremacia política, deve elevar-se ao estatuto de classe nacional, deve constituir-se como nação, e é ele próprio ainda nacional, se bem que não no sentido burguês"?[13] A história ensina então que existe um caleidoscópio de identidades, que tanto podem ser fragmentárias como podem ser unificadoras. E, ainda assim, em ambos os casos essas identidades podem ter um fundamento na experiência ou ser construções imaginárias. Mas tudo se complica, afinal a imaginação não é também uma forma de expressão social? Assim, a hostilidade de Hobsbawm em relação ao que chama de política de identidade suscita duas dificuldades: apela a uma coerência unificadora que perdeu capacidade de convocação e enfrenta realidades que se impõem em qualquer dos casos, a começar pela identidade nacional. Não nos livramos facilmente das identidades, porque pelo menos algumas nos estão coladas na pele – literalmente.

Depois dos modelos Facebook e terapêutico das identidades

Em todo o caso, o problema colocado por Lilla ou Hobsbawm – e, de fato, por Bannon, à extrema-direita – não é novo. Nancy

---

[13]   Como nota Hobsbawm, na edição alemã original está "de classe nacional"; na tradução inglesa de 1888 ficou "de classe dirigente da nação".

Fraser (2000, p. 112; 108) já notara, há quase 20 anos, que "questões de reconhecimento estão a servir menos para acompanhar, complicar e enriquecer lutas redistributivas e mais para as marginalizar, eclipsar e deslocar", e chamou a isto o perigo da *deslocação*. Esse perigo é evidentemente maior se as lutas pela redistribuição econômica e de poder, contra a exploração, são reduzidas e se não têm expressão política, ou se os movimentos sociais não se relacionam entre si. Por exemplo, a identidade pode acentuar a injustiça distributiva, religiões podem agravar o peso do patriarcado, ou outros movimentos podem reforçar o racismo. Uma mulher negra pode ser maltratada na sua família por ser mulher, mesmo que o restante dos membros partilhe a preocupação com a discriminação "racial". Além disso, em vez de acentuar a interação e abrir os contextos multiculturais, as formas de comunicação intensa aceleram fluxos de mediatização, o que contribui para a absolutização de identidades de grupo, a que Fraser chamou o perigo da *coisificação*.

A constatação destes dois perigos tem sido respondida de modo errado pela contraposição de classe contra gênero, ou pelo economicismo, que afirmaria o primado da luta redistributiva e abandonaria o reconhecimento das diferenças. Fraser sugere, em contrapartida, que estes problemas de *deslocação* e *coisificação* das identidades podem ser enfrentados reconsiderando o reconhecimento.

A abordagem tradicional do processo de reconhecimento é o que se poderia chamar de modelo de *identidade*, baseado em Hegel, como Fukuyama recordou com satisfação. Essa identidade é concebida como sendo construída num processo de reconhecimento mútuo progressivo do outro, por interação com outros sujeitos. Os casos de Il Grasso ou da família de J.D. Vance encaixam neste modelo, que, como se viu, é também sugerido por Freud na sua "psicologia social", ou por psiquiatras que se lhe seguiram, mesmo que traduzam essa busca num modelo terapêutico para curar os desajustamentos da identificação em relação à norma social.

Ora, neste "modelo de identidade", o não reconhecimento é tratado como um dano cultural, ou como a expressão forçada de hierarquias culturais, que submetem a identidade que quer ser notada e respeitada. Para mais, "a mercadorização invadiu todas as sociedades em alguma medida, separando pelo menos parcialmente os mecanismos econômicos de distribuição dos padrões culturais de valor e prestígio" (Fraser, 2000, p. 109), o que reforça os riscos de deslocação e coisificação. Como na modernidade as interações humanas, que são tradicionalmente subordinadas a hierarquias, passam a ser também permeadas por redes sociais, nascem oportunidades de reconhecimento num mundo paralelo, em particular no "modelo Facebook", o que acelera a fragmentação, ou a coisificação. Por essa razão, o modelo de identidade pode constituir um perigo: pode criar um reconhecimento ilusório e também pode gerar um desreconhecimento que ignora a complexidade das vidas (lembre-se do exemplo anterior das identidades religiosas que reforçam a opressão patriarcal).

Qual é a alternativa? Se as duas formas de dignidade são inseparáveis e devem ser o objeto do reconhecimento, então "o que requer reconhecimento não é a identidade específica de grupo mas o estatuto dos seus membros individuais como parte plena da interação social" (Fraser, 2000, p. 113-114), ou seja, trata-se de combater a subordinação social institucionalizada e não se limitar a criticar a marca cultural dessa diferença. Ora, a política deve ser dirigida "não a valorizar a identidade de grupo mas a superar a subordinação", e esse "modelo de estatuto" opõe-se tanto ao "modelo de identidade" como à estratégia terapêutica, como também ao "modelo Facebook", defendendo o princípio do "reconhecimento universalista e desconstrutivo" (Fraser, 2000, p. 116).

Universalista porque, se bem que informado pelas experiências individuais ou sociais das opressões, o seu fundamento não é a vida vivida por cada pessoa, dado que esta não é integralmente comunicável. É enunciável, mas, nesse caso, trata-se de identidades fechadas, o que eu vivi tu não viveste, pelo menos não da mesma forma. E é desconstrutivo, porque respondemos a condições sociais da reprodução das opressões e também a identidades dominantes, como o nacionalismo que exclui ou a religião autoritária, duas das formas a que se poderia chamar de tribalismo e que criam invisibilidade e ressentimento das vítimas.

Os lugares de fala dos de cima e de quem resiste

Mas como se faz? Como se constrói esse movimento? E, em primeiro lugar, qual a linguagem do reconhecimento das identidades? É o que se discute quando se fala do *lugar de fala*.

O conceito de lugar de fala foi inicialmente formulado a partir de estudos sobre a forma de designação dos negros usada pelos jornais populares e populistas, em contraste com as normas dos jornais de referência. Nesse sentido, a imprensa racista reclama a discriminação como sendo o senso comum. Desta forma, o conceito de lugar de fala denuncia os dispositivos de poder que discriminam e as subjetividades políticas que se constituem em relação com experiências de opressão e identidades subjugadas. O que assim se aponta é o modo de funcionamento do autoritarismo discursivo. Então, o conceito de lugar de fala começou por denunciar a regra do sistema opressor, antes de descrever a condição da pessoa oprimida. Deste modo, o conceito sublinha que o poder e as identidades são parte do mesmo processo histórico (Kilomba, 2019).

Há nessa projeção alguma experiência problemática, por exemplo, quando os partidos social-democratas, primeiro, e comunistas, depois, se arvoravam como sendo o lugar de fala do proletariado, como a única voz capaz de formular tanto a recusa da sua exploração como a política da sua libertação. Essa era uma forma de autoritarismo, de constituir ou de reclamar uma subordinação que, quando e onde se tornou poder de Estado, teve consequências devastadoras. Assim sendo, qualquer outra forma partidária, corrente política ou movimento social seria suspeito de dissidência. Ao contrário, para as feministas que citei, a conclusão das suas análises do lugar de fala como um instrumento de poder sobre os e as oprimidas é que não há uma concorrência entre opressões, que elas se intersectam e se combinam de modos diferentes segundo as circunstâncias e as histórias. Assim, escreve Djamila Ribeiro (2017, p. 70), uma mulher negra trabalhadora não é mais oprimida do que uma mulher branca trabalhadora, é-o de outra forma.

A fala, a forma de formular o reconhecimento, diz respeito a uma identidade explicitada como a biografia do oprimido e, por isso, evoca a sua condição de vítima. Mas essa condição vai mais além do que o sofrimento de cada vítima, razão aliás pela qual é tão profunda, tão estrutural e tão difícil de reverter. Ela é uma cultura, mas mais do que uma cultura; é um modo de reprodução social. Ela é uma hierarquia assente em privilégios, o masculino, ou branco ou o hétero, mas mais do que uma hierarquia; é uma articulação de poder.

E aí começam outros problemas. Afirmei anteriormente que o simples ato do enunciado do eu, ou a identificação, é em si mesmo uma reclamação de poder. Só pode exibir identidade quem tem algum poder de reconhecimento, ou conquista essa capacidade. Essa é a contenda pelo reconhecimento. Mas, assim sendo, o que é que quero que seja reconhecido?

A primeira forma de reconhecimento que discuto neste capítulo é subjetiva, por resultar da experiência pessoal de como nos vemos, ou pensamos sobre o que somos. A segunda forma de reconhecimento resulta do que aprendemos e de como nos exprimimos, ou como sabemos quem somos. Se eu evoco a opressão, o mal-estar imposto por regras, silêncios, dizeres ou atitudes que me são impostas ou que me discriminam ou desprezam, é por partir da experiência da minha dor individual, mesmo que partilhada por outras pessoas como eu. E dou-lhe um valor que vai para além de mim. É uma forma de expressão comum nas comunidades e grupos sociais subjugados, pela razão mais evidente: faz parte da vida das vítimas e daqueles que cotidianamente aprendem a resistir à opressão. Esta identidade é o sofrimento, mas o sofrimento é vivido e interpretado de forma diferenciada por cada pessoa, e frequentemente produz gramáticas pessoais de resistência. O problema é que, se a identidade for somente uma reclamação de autenticidade na descrição de uma experiência pessoal, dificilmente amplia o combate a um sistema opressivo.

Discutiremos ao longo do livro como se têm articulado as experiências vividas nos sistemas opressivos e os movimentos que os combatem. Mencionei anteriormente que algumas esquerdas, por cultura tradicionalista e conservadora, recusaram o reconhecimento de identidades oprimidas ou, condescendentemente, aceitaram-nas desde que num papel marginalizado. E contraponho-lhes a determinação de um reconhecimento universal das identidades oprimidas.

Argumento por isso que a política emancipatória deve seguir o caminho do combate às bases objetivas que identificam homens e mulheres como seres oprimidos, diminuídos e alienados. Assim, sugiro que essa política deve registrar, condenar e combater a opressão objetiva, a que se estriba em regras e em poderes, ou seja, na desigualdade essencial que estabelece a discriminação social, de gênero, sexual, étnica ou outra.

Este tema foi discutido desde há muito no movimento feminista, talvez o movimento social que elaborou mais em detalhe uma resposta ao paradoxo do reconhecimento que confirma a opressão. Nancy Fraser foi uma das pensadoras de que nos socorremos neste livro e que contestou a opção de movimentos emancipatórios abandonarem a disputa política e econômica sobre a estrutura do poder e de se concentrarem exclusivamente nas suas expressões culturais. Reclamou por isso uma ação estratégica que combinasse redistribuição e reconhecimento, ou de crítica e enfrentamento contra o capitalismo, que é o herdeiro e agora o pai de todas as opressões. Algumas chamaram a essa alternativa *interseccionalidade*, sugerindo que todas as identidades e movimentos se devem respeitar e compor em várias frentes. Como veremos em seguida, é uma parte da resposta, mas que corre riscos de interpretação e de ação. Algumas feministas foram as primeiras a aperceber-se disso e a propor que, contra o risco da política de mosaico, o seu movimento se baseasse numa estratégia que entre diretamente em choque com o modo de produção e de reprodução das desigualdades e opressões sociais.

A interseccionalidade é uma política?

Como é lembrado nos capítulos seguintes sobre o racismo e o feminismo, um coletivo de feministas negras, o Combahee River Collective, usou na década de 1970 o então recente neologismo de *políticas de identidade* para definir um quadro militante que propunha o cruzamento de diversas identidades que procuram o seu reconhecimento e articulam uma ação emancipatória. Faziam-no no quadro de uma luta anti-imperialista universal: "Compreendemos que a libertação de todos os povos oprimidos exige a destruição dos sistemas político-econômicos do capitalismo e do imperialismo, tal como o do patriarcado". Nesse sentido, opunham-se ao separatismo e ao reducionismo, pois nem pretendiam isolar cada um dos movimentos nem distanciar-se das outras expressões dessa interação.

Quase duas décadas depois, em 1989, a jurista Kimberlé Crenshaw, professora de direito na UCLA, Universidade de Los Angeles, e na Universidade de Columbia, em Nova Iorque, propôs o uso do termo "interseccionalidade", num estudo sobre três casos de tribunal em que se discutiam discriminações contra mulheres negras. O que era então um conceito acadêmico, enunciado como uma crítica aos procedimentos jurídicos e às análises da discriminação racial e de gênero, tornou-se um estandarte de políticas de convergência entre vários movimentos. A potência deste conceito ampliou processos de cooperação entre esses movimentos. Mais tarde, a feminista bel hooks, cujas posições serão discutidas adiante, apresentou um argumento irrecusável para estas conexões entre movimentos, embora sublinhasse diferenças: não se pode comparar a opressão de mulheres e de negros, como se os negros fossem (todos) homens e as mulheres fossem (todas) brancas. Para evitar essa redução, devem exprimir-se vozes de feministas negras, junto de antirracistas, ou de feministas de todas as origens étnicas. Isso é a interseccionalidade.

No entanto, o ponto de vista interseccional não é uma explicação sobre a origem das opressões. É um entendimento sobre os caminhos da ação, não uma análise sobre o poder no capitalismo contemporâneo, tal como ele realmente existe. Por isso, este conceito tem um risco, pode sugerir a naturalização de identidades sem história, como se fossem um dado da natureza ou uma imanência cultural, ou mesmo o resultado de dinâmicas interpessoais. Crenshaw terá compreendido esse perigo, quando explicou, num discurso em 2016 em Londres, no Women of the World Festival, que

> algumas colegas na Alemanha decidiram-se a contar quantas intersecções existem. Pela última contagem existem 17 ou algo parecido. Foi uma tentativa de as mapear a todas. Isso não é a minha articulação da interseccionalidade. A interseccionalidade não é primariamente sobre identidade, é sobre como as estruturas fazem de certas identidades a consequência e veículo para a vulnerabilidade. (Crenshaw, 2016)

Assim, este testemunho de Crenshaw aponta a limitação do conceito e da prática da interseccionalidade. Sempre que estes se reduzem a evocar uma forma de colecionismo de protestos, esgotam-se no processo de reconhecimento, que entende a sociedade como espartilhada em múltiplos campos de dominação, a que respondem posições essencializadas. Por isso, argumentamos no livro que é preciso superar o conceito e formas de ação a que deu nome.[14] Nesse campo, sigo Angela Davis, uma feminista negra que

---

[14] É de notar que as mudanças de atitude afetam também setores de direita. É uma mulher, Marine Le Pen, quem dirige o principal partido de extrema-direita em França, a Frente Nacional, o que teria sido inconcebível num movimento fascista clássico.

tem marcado a história da esquerda estadunidense e que se bateu pela rejeição da primazia de uma opressão em relação a outras. Sabendo que tem havido identidades reconhecidas e fortalecidas no processo histórico, ao passo que outras foram desprezadas, e que o simples enunciado das opressões não as sobrepõe nem as articula, portanto argumento que a superação das hierarquias entre elas tem de se basear numa ação que seja efetiva no combate político, caso contrário é impotente.

Um estatuto igualitário, ou a democracia

As identidades oprimidas são resultado de processos de ocultação, como mostrei anteriormente. Assim, a condição do que tem sido dito o Outro pressupõe a invisibilidade das vítimas no mundo atual, um mecanismo que, por se tratar da sociedade mais urbanizada, mais gregária e mais intensiva em intercomunicação, deve mobilizar um recurso extraordinário para organizar o poder. Esse recurso é o medo. Não só o silêncio ou a submissão, mas o medo. A identidade da nova direita nos dias de hoje é a designação de inimigos vulneráveis e a criação de medo. Esse medo é um instrumento de tribalização e alimenta-se do passado. Evoca Atenas ou Jerusalém, os dogmas da Antiguidade, o passado colonial, as pretensões civilizacionais, mas também se estriba no presente. Assim, a nova direita celebra os movimentos nacionalistas e as revoluções do século XIX, que estabeleceram as identidades triunfantes do ascenso da burguesia como classe dominante e definiram os Estados modernos como uma forma de identidade nacional criadora de hegemonia social. Em seu nome, a nova direita é autoritária.

Para lhe fazer frente, houve até agora mais derrotas do que vitórias e porventura mais dúvidas do que convicções. Há nisso uma responsabilidade. Algumas esquerdas e movimentos não souberam ou não quiseram criar um polo social que unificasse diversas causas emancipatórias sob a forma de uma expressão política majoritária, por se terem acantonado em territórios de confirmação e não de afirmação e, ainda, por terem amiúde falhado as suas promessas de dar voz e corpo aos deserdados da globalização ou da longa cruzada do capitalismo. Por isso, ao discutir como se tem erguido a nova direita, questiono como se deve proceder para representar, apresentar e mobilizar uma maioria popular à esquerda. A política de esquerda deve buscar essa maioria. E isso implica que o povo se reconheça. Por isso, não se pode, nem se deve, evitar a reivindicação de identidades oprimidas, que entrou no discurso político a partir dos anos 1960 com o movimento dos direitos civis nos Estados Unidos, logo após a independência de algumas colônias africanas e ao mesmo tempo que se iniciavam guerras de libertação noutras. O movimento feminista, também com raízes anteriores, mas que se desenvolveu sobretudo a partir desse período, exprimiu outra das dimensões da transformação de cultura e de vida social que estava em disputa. Os seus crescimentos foram pilares da democratização das últimas décadas do século XX e, portanto, elevaram o nível do confronto político. Neste contexto, ao rejeitar o tribalismo da direita, que levo a sério e que sei que será a forma que dominará a política do poder burguês nos anos que vêm, não lhe oponho uma política de mosaico de movimentos e de identidades. Também não peço tréguas para o reconhecimento das identidades oprimidas, que encontrarão sempre o seu caminho e as suas vozes. Mas afirmo que, se as políticas de identidade baseadas no reconhecimento são necessárias, são insuficientes por si sós para enfrentar o tribalismo que o capitalismo promove na sua época contemporânea.

Por isso, para além das políticas de identidade, interessa-me a identidade da política de esquerda, a que deve reconhecer que quem é marginalizado é parte de uma expropriação econômica, social e cultural e, por isso, deve defender intransigentemente o reconhecimento das identidades oprimidas, mas não abdica de superar a sua condição. Por isso, a esquerda deve bater-se pelo objetivo da democratização do poder, enfrentando o capitalismo na sua totalidade patriarcal e racista, xenófoba ou homofóbica, ou seja, mobilizando uma resposta que combine as forças sociais subalternas no mundo capitalista moderno.

A experiência de grandes movimentos identitários confirma esse "modelo de estatuto" a que se referiu Nancy Fraser. A esse respeito, ela lembra o exemplo do momento definidor do movimento dos direitos cívicos, a Marcha sobre Washington por Trabalho e Liberdade, em 1963, em que se destacou Martin Luther King. As principais exigências de então, como o *slogan* evoca, eram a liberdade, a justiça e a recusa da discriminação, mas também o pleno emprego e o aumento do salário-mínimo. A sua força foi a identidade do movimento negro e a convergência dos movimentos populares. Também agora, quando a direita enuncia o seu identitarismo, que discrimina, a esquerda deve responder "desdiscriminando." Nesse sentido, afirmo aqui que o princípio da política de esquerda é que tem que haver reconhecimento e a distribuição, mas que não há reconhecimento sem inclusão, nem democracia sem reconhecimento, nem identidade sem distribuição do poder.[15] Se a identidade pode ser uma relação política que ataca a essência do poder que gera a opressão, tudo depende da sua conjugação como um sujeito coletivo e diverso para a luta social maioritária. Essa será a chave do sucesso da esquerda socialista do nosso tempo.

Referências

ANDERSON, Benedict. *Imagined communities:* Reflections on the origin and spread of nationalism. Londres: Verso, 1983.

ASCOLI, Albert. The history of a story: Manetti's 'La Novella del Grasso Legnaiuolo'. *In*: JURDJEVIC, Mark; STRØM-OLSEN, Rolf (ed.). *Rituals of politics and culture in Early Modern Europe:* Essays in honour of Edward Muir. Toronto: Centre for Reformation and Renaissance Studies, 2016. p. 211-234.

---

[15] Esse foi o tema de um debate entre a filósofa feminista Nancy Fraser e o filósofo Alex Honneth, cf. Fraser, Nancy; Honneth, Alex (2004).

BELL, Daniel. *Ethnicity and Social Change. In*: GLAZER, Nathan; MOYNIHAN, Daniel P.;, (ed.). *Ethnicity:* theory and experience. Cambridge: Harvard University Press, 1975.

BERMAN, Marshall. *All that is solid melts into air* – The experience of modernity. Londres: Verso, 1983. p. 345.

CASTELLS, Manuel. *The power of identity.* (v. 2 The Information Age: Economy, Society and Culture) Oxford: Blackwell, 1997.

CHUA, Amy. *Political tribes* – Group instinct and the fate of nations. Londres: Bloomsbury, 2018.

EGAN, Timothy. "What if Steve Bannon is Right?". *New York Times,* 25 de agosto de 2017.

ERIKSON, Erik. *Young Man Luther* – A Study in Psychoanalysis and History. Nova Iorque: Norton, 1993.

ERIKSON, Erik; ERIKSON, Joan. *The life cycle completed:* extended version. Nova Iorque: Norton, 1998.

FRASER, Nancy. Neoliberalismo Progressista versus Populismo Reacionário: Uma Escolha de Hobson. *In*: GEISELBERGER, Heinrich. (ed.) *O grande retrocesso* – um debate internacional sobre as grandes questões do nosso tempo. Lisboa: Objectiva, 2017. p. 83-95.

FRASER, Nancy. From redistribution to recognition? Dilemmas of justice in a "Post-Socialist" Age. *New Left Review,* Londres, n.212, p. 68-93, jul. ago. 1995.

FRASER, Nancy. Rethinking recognition. *New Left Review,* Londres, n. 3, p. 107-120, mai. jun., 2000.

FRASER, Nancy; HONNETH, Alex. *Redistribution or Recognition?* A political-philosophical exchange. Londres: Verso, 2004.

FREUD, Sigmund. *Group psychology and the analysis of the ego. In*: *The Standard Edition of the Complete Psychological Works of Sigmund Freud, Beyond the Pleasure Principle: Group Psychology and Other Works.* Volume XVIII (1920-1922), p. 65-144. Londres: Vintage, 1921.

FREUD, Sigmund. *O futuro de uma ilusão.* Rio de Janeiro: Imago, 1997.

FREUD, Sigmund. *Totem e Tabu.* Lisboa: Relógio d'Água, 2001.

FUKUYAMA, Francis. *Identidades a exigência de dignidade e a política do ressentimento.* Lisboa: Dom Quixote, 2018.

GIDDENS, Anthony. *Modernity and Self-Identity:* Self and Society in the Late Modern Age Polity. Cambridge: Stanford University Press, 1991.

HOBSBAWM, Eric. *Identity Politics and the Left*. *New Left Review*, Londres, 2 mai. 1996.

KAHAN, Dan *et al.* Motivated numeracy and enlightened self-government. *Behavioural Public Policy*, v.1, n.1, p. 54-86, 2017.

KILOMBA, Grada. *Memórias da plantação*. Episódios de racismo quotidiano. Lisboa: Orfeu Negro, 2019.

LILLA, Mark. *The once and future liberal* – After identity politics. Nova Iorque: Harper Collins, 2017.

MAALOUF, Amin. *Identidades assassinas*. Lisboa: Difel, 2009.

MAGALHÃES, Isabel Allegro. *Obliquamente* – literatura e identidades. Lisboa: Caleidoscópio, 2019a.

MAGALHÃES, Isabel Allegro. *Transversalmente – Literatura e Música*, Lisboa: Caleidoscópio, 2019b.

MARX, Karl e Engels, Friederich *O Manifesto Comunista* [1848] Lisboa: Avante, 1997.

MÁRQUEZ, Gabriel García. *Cem Anos de Solidão*. Lisboa: Europa--América, 1967.

PUTNAM, Robert. *Our kids:* The american dream in crisis. Nova Iorque: Schuster, 2015.

RICOEUR, Paul. Narrative identity. *Philosophy Today*, v. 35, n.1, p. 73-81, 1991.

RUSHDIE, Salman. *Os versículos satânicos*. Lisboa: Publicações Dom Quixote, 1988.

SENNETT, Richard. *Together*. Londres: Penguin Books, 2013. p.134.

SHI, Chi Chi. Defining my own oppression: neoliberalism and the demands of victimhood. *Historical Materialism*, 278, v. 26, n. 2, p. 271-295, 2018.

SOBRAL, José Manuel. Nacionalismo e desigualdade na conjuntura presente. *In*: GOMES, Silvia. *et al.* (org.). *Desigualdades sociais e políticas públicas*. Famalicão: Húmus, 2018. p. 83-105.

SCRUTON, Roger. *Tolos, impostores e incendiários*. Lisboa: Quetzal, 2018.

THERBORN, Goran. An Age of Progress?. *New Left Review*, n. 99, p. 27-38, 2016.

VANCE, James David. *Lamento de uma América em Ruínas*. Lisboa: Dom Quixote, 2017.

WILLER, Robb *et al.* The False Enforcement of Unpopular Norms. *American Journal of Sociology*, v. 115, n. 2, p. 451-469, 2009.

Feminismo
e políticas identitárias

Andrea Peniche

O debate sobre políticas identitárias

O debate em torno das identidades atingiu, nos últimos anos, a linha do confronto. Se, originalmente, este foi um debate intraesquerda, ancorado numa oposição artificial entre políticas de classe e políticas de identidade, ele ressurgiu, de forma extremada e violenta, a partir de 2017 e da eleição de Donald Trump, como corpo de um contra-ataque conservador, que procurou mobilizar e organizar a vingança dos setores que os caminhos e as conquistas das políticas identitárias ameaçaram, transformando em figurantes dessa estratégia as pessoas que ocupam lugares de privilégio – materiais ou simbólicos, o privilégio branco ou o privilégio masculino, ou ambos combinados, suportados pelas estruturas que configuram e conformam para a naturalização e aceitação das desigualdades, quer de estatuto quer econômicas.

A Grande Depressão, as duas guerras mundiais, a experiência do fascismo e do nazismo e o poder crescente dos sindicatos anunciavam o recuo da direita e do seu liberalismo econômico – a doutrina que garante que o mercado regula a economia e a sociedade – e do conservadorismo político e social. Todavia, a crença liberal renasceu nos anos 1970, modernizou-se, apresentou-se intelectualmente mais sofisticada. Ressurgia o neoliberalismo e o monetarismo e a economia financeira tornava-se hegemônica. O seu novo credo passou a ser a eficiência e a competitividade, mantendo, contudo, a desigualdade como instrumento de diferenciação social, já não em nome de direitos herdados, mas em nome do estímulo ao trabalho, à eficiência e ao mérito.

Enquanto a direita se recompunha, era a vez de a esquerda viver novas contradições, depois do longo mergulho na noite stalinista, apesar de nos anos 1960 um forte movimento contracultural ter emergido: da Marcha dos Direitos Civis (1963) ao Maio de 1968. Como reação à esquerda alinhada com a União Soviética e com a China, surgia um amplo movimento político, que se viria a designar Nova Esquerda, agregando esquerdas que tinham resistido ao stalinismo e novos movimentos sociais. Esta Nova Esquerda contribuiu para a reinterpretação e renovação do marxismo, introduzindo novas temáticas – anticolonialismo, anti-imperialismo, ambientalismo, feminismo, orientação sexual – na imaginação de uma nova utopia e na disputa e mobilização sociais.

A emergência dos novos movimentos sociais e todo o debate que atravessou os Fóruns Sociais do início do século XXI contribuíram também para a reconfiguração dos termos do debate, que, contudo, tem sido muitas vezes permeado por aproximações essencialistas e deterministas sociais, colocando na ordem do dia uma nova acepção de identidade: a identidade como experiência e a experiência como (única) legitimadora do discurso, convertendo-a num reducionismo cultural sem estratégia política. Uma das confusões comuns a quem critica a suposta cristalização da esquerda nas questões identitárias é a de entender as identidades como essências e não como contingências de um espaço e tempo concretos. Outra confusão em que incorrem frequentemente os adversários da esquerda ou a esquerda conservadora é a de conceber os amplos setores sociais que têm sido tratados como margens – étnicas, sexuais ou de gênero – como estando desligadas da desapropriação econômica. E esta confusão conduz a uma outra: um discurso e uma prática que opõem o que não está em oposição (nem deve ser oposto), criando uma falsa fratura entre o que tem de ser pensado em conjunto, não só porque as diferentes subalternidades têm características comuns, mas também porque o capitalismo não é apenas um sistema econômico, é também um sistema social, político e cultural, e, por essa razão, não tratarei a luta pela afirmação de identidades como uma questão marginal ou de margens sociais.

A direita percebeu este desencontro entre as esquerdas e é nesse espaço que atua, procurando destruir as bases da solidariedade e da resistência anticapitalistas e organizando a vingança dos setores privilegiados numa cruzada anti-identitária. Essa cruzada procura conduzir à desapropriação do Outro, à sua marginalização e invisibilidade, à sua atomização política, social e cultural, ou seja, ao reforço do machismo, do sexismo e do racismo.

Lamentavelmente, a esquerda conservadora reforça esse campo, preferindo a companhia da direita ao exercício dessa "heresia marxista"[1] que significa ser fiel à causa das pessoas oprimidas, mas alérgica à ortodoxia. A incapacidade de a esquerda conservadora compreender a importância das identidades e, consequentemente, reconhecer a opressão identitária como estando enraizada também nas dinâmicas capitalistas, alimentou não apenas uma querela perigosa, que a direita e a extrema-direita têm aproveitado magistralmente, como tem contribuído para a afirmação e reforço de uma visão política compartimentada e etapista, travando o processo de imaginação e construção de um novo sujeito político coletivo, um novo comum, capaz de combater o capitalismo em todas as suas manifestações. Por isso, combater esta mistificação que opõe política de classe e política identitária é uma urgência do socialismo crítico, se este se quiser afirmar como projeto emancipador global e mobilizador. É isso que me proponho a discutir nas páginas que se seguem.

O que são identidades?

Marie Moran (2018) refere que o conceito de identidade com que atualmente operamos – como ferramenta de interpretação e comunicação de experiências individuais e coletivas – é relativa-

---

[1] Expressão usada por Michael Löwy para caracterizar e elogiar o pensamento de Daniel Bensaïd.

mente recente (segunda metade do século XX) no pensamento, na política e na cultura ocidentais, e surge como resultado de mudanças políticas e econômicas. Isto não significa, porém, que a atenção sobre as questões que hoje designamos por identitárias não tenha existido antes, mas que a vulgarização do uso do termo é relativamente recente.

A consciência de si sempre existiu. Sempre fomos capazes de reconhecer semelhanças e diferenças em relação aos outros, sempre nos socorremos da analogia para interpretarmos, nos situarmos e darmos sentido ao mundo. Só que agora recorremos à palavra identidade – pessoal e social – para referir essa realidade. No entanto, "o uso da palavra 'identidade' para descrever estas experiências, incluindo a tendência para referir diferentes categorias sociais como identidades, não é neutra ou inocente, mas performativa: tem implicações na forma como as entendemos" (Moran, 2018, p. 28), já que funciona como um dispositivo que classifica (e valora) de acordo com o que é considerado essencial a uma pessoa ou a um grupo.

Várias são as querelas que atravessam o debate sobre as identidades. Uma delas, talvez a mais estruturante, no sentido em que condiciona todo o debate subsequente, é sobre a sua natureza. A identidade é um conjunto de propriedades intrínsecas e permanentes do indivíduo/grupo ou resulta de inter-relações no espaço-tempo que habitamos e, por isso, está enraizada na história? A identidade é uma essência ou é uma construção social e cultural? A abordagem identitária do indivíduo e dos grupos é antiga, mas, até o século XX, parece não ter havido necessidade de definir – e delimitar – o conceito.

No entanto, a partir das décadas de 1950 e 1960, o modo essencialista de reconhecer o mundo reclamou um significado e um estatuto para si. "O que descobrimos é que a ideia de identidade surgiu em dois espaços-chave das sociedades capitalistas ocidentais – ou seja, na proliferação de novas práticas e hábitos de consumo, que hoje designamos como 'sociedade de consumo', e [...] num conjunto de novos movimentos sociais em torno de gênero, raça e sexualidade, que hoje designamos como 'políticas de identidade'" (Moran, 2018, p. 37). Ou seja, a necessidade do conceito só surge quando foi necessário distinguir os indivíduos, em resultado das exigências do mercado e da politização da intervenção social.

A questão não é só a forma como as mudanças sociais associadas ao paradigma pós-industrial e ao consumismo se refletem nas nossas identidades, mas a maneira como a própria construção de indivíduo e de grupo reclamando uma identidade se relaciona com o modo de vida capitalista. Para se perceber o duplo movimento que origina o conceito de identidade como atualmente o entendemos, é necessário perceber o impacto que a sociedade de consumo teve na representação e autorrepresentação dos indivíduos, assim como nas inter-relações humanas, nomeadamente por meio da adoção de práticas de imitação e de diferenciação. Outrora exclusivo das elites, o consumo estendeu-se a outros grupos sociais, nomeadamente às classes populares. Como observou Marcuse, "as pessoas reconhecem-se nas suas mercadorias; encontram a sua alma no seu automóvel, na sua aparelhagem de som, no seu duplex, nos seus eletrodomésticos. O próprio mecanismo que liga o indivíduo à sociedade a que pertence mudou, e o controle social está ancorado nas necessidades que ele produziu" (Marcuse, 1991). O consumismo criou a necessidade de encontrar uma nova linguagem capaz de expressar as novas relações sociais: era necessário responder à uniformização que resultava do consumo de massas, e a resposta passou pela expressão da diferença, uma diferença capaz de afirmar individualidade e estatuto. Neste contexto, a identidade aparecia como um conceito útil, pois resolvia a mesmidade originada pelo consumo massificado por meio de mais consumo, o consumo de nicho tão presente nas sociedades atuais – dos produtos *bio*, *gourmet* ou *delicatessen* aos carros híbridos ou elétricos – tornando-se, nesta perspectiva, uma galinha de ovos de ouro para o sistema capitalista, na medida em que acrescenta consumo ao consumo.

Na década de 1960, nos EUA, ativistas afro-americanos (Movimento Black Power), mulheres (Movimento de Libertação das Mulheres) e comunidade homossexual (Movimento LGBT+) procuravam uma alternativa política capaz de responder ao fracasso e à frustração com as políticas assimilacionistas dos direitos civis: as políticas de libertação, nas quais o papel da identidade na construção do programa e na mobilização desempenharam um papel fundamental. Um dos mais importantes combates travados por estes movimentos foi o de demonstrar que a opressão vivida pelos seus membros estrutura a sociedade, e é dirigida contra grupos humanos concretos, não sendo um padecimento individual, e que a diferença – morfológica, cultural, sexual – é uma riqueza e não uma inferioridade.

A afirmação do orgulho LGBT+, por exemplo, que ainda hoje o movimento reclama, tem que ver, por um lado, com o orgulho na diferença entendida como diversidade, e não como inferioridade, e, por outro lado, com a memória da história de luta e resistência da comunidade. Não há, pois, sentido nem simetria possível na afirmação do orgulho heterossexual, porque o horizonte político do movimento é o combate à discriminação e não um concurso sobre o que é mais virtuoso entre os lençóis. Muitas vezes, tomando-se a parte pelo todo, diz-se que os movimentos identitários só se ocupam com questões da ordem do simbólico e só se preocupam com a afirmação da sua identidade, quase sempre associada a questões consideradas frívolas ou postergáveis pelo resto da comunidade. Quantas e quantos de nós não nos cruzamos já com discursos que afirmam, por exemplo, que há coisas muitos mais importantes e urgentes do que, por exemplo, legislar sobre cirurgias de reatribuição de sexo? Esta generalização é completamente abusiva e a história desmente qualquer tentação analítica linear. O movimento LGBT+ dos tempos de Stonewall, por exemplo, exigia o fim da violência e da opressão, o direito a viver e ver despatologizada a homossexualidade. Eram reivindicações bem reais e concretas e a identificação pública dos ativistas como homossexuais foi um meio indispensável para a construção de um movimento político. Como escrevia em 1970 Carl Wittman, em *Refugees from Amerikka: A Gay Manifesto*, "seremos gays até que todas as pessoas se esqueçam de que é uma questão. Então, começaremos a ser completos". Surgia uma nova abordagem da identidade baseada em pressupostos sociais e culturais, na qual a partilha de uma história de opressão e/ou exploração comuns permitia a aproximação de indivíduos, muitas vezes desconhecidos uns dos outros, mas que se reconheciam como semelhantes por meio da vivência de experiências análogas. O discurso e as políticas identitárias surgiam como portadoras de um imenso potencial político e, por isso, não devem ser compreendidas de forma acrítica como um conjunto de propriedades intrínsecas, universais e permanentes dos indivíduos ou grupos, como cristalizações, já que podem ser, ao contrário, abordadas como um instrumento de potencialização e organização de várias formas de resistência.

A classe social é uma identidade?

No atual debate sobre identidades, a esquerda está debaixo de fogo, acusada de deriva política e estratégica por ter abandonado a luta de classes e se ter dedicado exclusivamente às políticas identitárias. A acusação é forte, mas não é verdadeira, fazendo vista grossa sobre o próprio debate e processo de redefinição do conceito de classe social como resultado das alterações ocorridas nos processos de produção. Era, pois, importante que este momento fosse percebido como uma oportunidade para os diversos movimentos sociais emancipatórios – do sindical ao feminista – pensarem em conjunto e de forma multidimensional e relacional as desigualdades, para que a definição clássica de classe social possa ser ajustada aos debates e às necessidades dos tempos que correm. Isto implica, entre várias coisas, repensar o conceito de trabalho, porque a sua versão clássica não esgota a realidade do trabalho feminino, uma parte realizado no setor informal da economia – sem contrato e sem direitos – e outra parte muito significativa realizada no próprio espaço doméstico, nomeadamente o trabalho dos cuidados, o qual permanece invisibilizado, porque desvalorizado, logo, ausente do debate e das reivindicações sindicais e políticas.[2] Não é indiferente para o modo como interpretamos o mundo e o queremos transformar levarmos em conta que as mulheres assalariadas, em Portugal, acumulam, aos dias de semana, em média, mais 4h23 de trabalho doméstico e de cuidados, o que perfaz uma jornada diária de trabalho de quase 12h30 (Perista, 2016). Do mesmo modo, implica repensar o conceito de igualdade no mundo do trabalho, porque, como dizem Helena Hirata e Danièle Kergoat (1993), "a classe trabalhadora tem dois sexos", e subsumi-los num discurso generalista e cego ao gênero significa invisibilizar a parte que, para trabalho igual ou equivalente, recebe menos 16,3% de salário, segundo o Eurostat (o gabinete de estatística da União Europeia).[3] Esta proposta é precisamente um dos desafios que a Greve Feminista Internacional tem feito ao movimento sindical, à semelhança do que fez o movimento do precariado.

Quando os membros de uma classe social se tornam conscientes de si mesmos como parte de uma classe, forjam uma identidade

---

[2]   Calcula-se que o trabalho reprodutivo não remunerado, feito essencialmente pelas mulheres, tem um valor econômico correspondente a 9% do PIB mundial. Em Portugal, onde quatro em cada cinco cuidadoras são mulheres, o valor dos cuidados não pagos foi estimado em 4 bilhões de euros anuais. Cf. Soeiro; Araújo; Figueiredo (2020).

[3]   Dados do Ministério do Trabalho (GEP, Análises e Notas Técnicas, 8 de novembro de 2019). Todavia, estes números, por assustadores que sejam, revelam apenas uma pequena parte da realidade, não se sabendo qual a verdadeira dimensão da desigualdade salarial, já que o indicador do Eurostat é o *unadjusted gender pay back*, o qual avalia a diferença entre os ganhos médios brutos, por hora, de homens e de mulheres que trabalham por conta de outrem em empresas com dez ou mais pessoas. Porém, sabemos que há muitas mulheres precarizadas e que trabalham no setor informal – sem vínculo contratual –, outras trabalham por conta própria (12%) ou em empresas com menos de 10 trabalhadores (96% das empresas do setor não financeiro têm menos de 10 trabalhadores e representam 98,5% do tecido empresarial português), ou seja, o que os números do Eurostat revelam parecem ser a parte visível do imenso *iceberg* de desigualdade salarial.

coletiva e, nesse sentido, se pode dizer que a classe também é uma identidade. Todavia, é uma identidade com características diferentes, já que as suas reivindicações são, geralmente, de abrangência universal – educação, saúde, habitação – e não setorial.

Existe a tendência para reconhecer as identidades como um assunto que diz respeito a grupos minoritários subalternos. É compreensível que assim seja, porque, tradicionalmente, a afirmação da identidade é utilizada como estratégia de visibilização de grupos sociais subalternos e de reclamação de direitos não concedidos, mas isso não significa que os outros grupos, majoritários e dominantes, não sejam também grupos identitários e que usem a sua identidade como estratégia de poder.

Os grupos designados como identitários enfrentam outras identidades, aquelas que, por serem dominantes, se julgam acima da identidade, porque se creem e se veem como norma ou referente. O caso das mulheres é paradigmático, porque nós não somos uma minoria, ao contrário, somos a maioria da população. Apesar disso, as mulheres são percebidas e tratadas como minoria, porque são uma maioria sem poder. Outro exemplo que contradiz a norma da maioria é o caso de África do Sul, onde a minoria branca impôs, durante 46 anos, o regime do *apartheid* sobre a maioria negra. Assim, é legítimo concluir que o debate sobre as identidades não tem necessária e obrigatoriamente a ver com minorias, mas com relações de poder, e o poder nem sempre é exercido pelas maiorias.

Por essa razão, creio que devemos sempre pensar este debate não apenas como uma estratégia de afirmação dos grupos subalternos, que reclamam para si uma identidade que o sistema de dominação invisibiliza e deprecia, mas também como estratégia de resistência a uma identidade outorgada pelos grupos dominantes. É mais interessante a perspectiva que olha os grupos identitários como movimentos estruturados pelo permanente conflito de classes do que como um movimento que pretende substituir a luta de classes. Porém, para que os movimentos identitários tenham matriz anticapitalista, é necessário abolir a oposição entre classe e identidade como parte da estratégia da emancipação. Marx dizia, aliás, que por mais desarticulados e incipientes que fossem os grupos de oprimidos eles detinham um ponto de vista particular sobre as desigualdades. Dar consistência a esse ponto de vista é parte do processo de formação da consciência de classe. Só assim podemos entender a frase do *Manifesto Comunista* que afirma que "a emancipação dos trabalhadores será obra dos próprios trabalhadores" (Marx e Engels, 1997).

A identidade como estratégia

Há pelo menos 70 anos sabemos que "ninguém nasce mulher: torna-se mulher" (Beauvoir, 1975), ou seja, sabemos que o gênero e os seus papéis são uma construção social, não são essências. A crítica ao essencialismo sublinha que as identidades – de gênero ou de classe, étnicas ou de orientação sexual – são contingentes, isto é, são social, material e historicamente construídas. Desessencializar o gênero implica, pois, que o caráter construído do gênero seja entendido como um fenômeno transhistórico, já que todas as épocas históricas construíram e objetivaram o gênero, isto é, definiram o que é "ser mulher", "ser homem" ou ser outra coisa qualquer, apesar da forma da sua concretização não ser necessariamente a mesma ao longo das diferentes épocas e das diferentes geografias.

As lutas sociais reclamam a enunciação de um sujeito coletivo e, nesse sentido, pode dizer-se que reclamam "um uso estratégico do essencialismo positivista com um interesse político escrupulosamente visível", conforme o designou Spivak (1996). Mas trata-se somente de um uso estratégico, de uma ficção consciente, que postula que se devem aceitar provisoriamente fundamentos essencialistas como parte da estratégia coletiva de transformação social. De acordo com Spivak, a essencialização temporária ajuda a criar solidariedades e sentimento de pertença, os quais são fundamentais para o combate político. O erro é encarar a identidade como um fim e não como uma estratégia, a estratégia necessária para afirmar e desocultar os sujeitos discriminados. Se não afirmarmos o sujeito *mulher*, por mais que saibamos que os gêneros são ficções e que as categorias são muitas vezes cristalizações cegas do espaço-tempo, ocultamos o patriarcado, fazendo com que as discriminações só possam ser entendidas como padecimentos individuais e não como o resultado de uma política sexual exercida pelos homens sobre as mulheres e em favor dos primeiros (Millet, 1970). A proposta do essencialismo estratégico, portanto, é importante se observada do ponto de vista da possibilidade de mobilização e ação políticas.

Não há neutralidade epistemológica: reclamar o lugar de sujeito

Foucault dizia que "o discurso não é simplesmente aquilo que traduz as lutas ou os sistemas de dominação, mas aquilo pelo qual e com o qual se luta, o poder do qual nos queremos apoderar" (Foucault, 1997, p. 10). Um dos combates do feminismo é desafiar a ciência e seus modos de construção e produção, reivindicando para as mulheres o lugar de sujeito, e uma das formas de conquistar esse espaço passa por garantir que estas são reconhecidas como enunciadoras de discurso e que o que dizem é escutado e considerado.

Todavia, não constitui novidade afirmar que há um sistema de poder que invisibiliza, desqualifica e muitas vezes silencia a experiência e o conhecimento produzido pelos grupos subalternos. Poulain de la Barre, no século XVII, dizia que "tudo o que os homens escreveram sobre as mulheres deve ser suspeito, pois eles são, ao mesmo tempo, juiz e parte".[4] Eduardo Galeano (1993, p. 87) citava um provérbio africano que avisa que "até que os leões tenham os seus próprios historiadores, as histórias de caça continuarão a glorificar o caçador". Lélia Gonzalez (1984),

---

[4] A citação é feita por Simone de Beauvoir numa epígrafe do primeiro volume de *O segundo sexo*, recuperando um filósofo proscrito, a quem se referia como "um feminista pouco conhecido do século XVII".

por sua vez, denuncia a existência de uma hierarquização de saberes que faz com que quem detém privilégio social detenha também privilégio epistêmico, uma vez que o modelo reconhecido, valorizado e validado pela ciência é branco e masculino. Deste modo, a hierarquização dos saberes legitima e valoriza a epistemologia eurocêntrica e confere ao pensamento moderno ocidental a exclusividade daquilo que é reconhecido como conhecimento válido, passando a estruturar-se como dominante e desqualificando e/ou silenciando outras formas e outros sujeitos de conhecimento.

Neste modelo de ciência, as mulheres não são pensadas a partir de si, mas em relação/comparação com os homens e a partir do seu olhar. As mulheres são o Outro, são o segundo sexo, como afirmava Simone de Beauvoir (1975), invocando a dialética do senhor e do escravo de Hegel.

> A humanidade é masculina e o homem define a mulher não em si mas relativamente a ele; ela não é considerada um ser autônomo. [...] Ela não é senão o que o homem decide que seja. [...] A mulher determina-se e diferencia-se em relação ao homem e não este em relação a ela; a fêmea é o não essencial perante o essencial. O homem é o ser, o absoluto; ela é o Outro. (Beauvoir, 1975, p. 13)

Ou seja, a alteridade acontece no feminino e não há reciprocidade. Como refere Carole Pateman (1993), o homem é considerado uma espécie de cidadão universal, "que não tem corpo, porque é razão desapaixonada", mas a mulher é essencialmente corpo, e corpo vulnerável, por isso a afirmação de que "todos somos seres humanos" é tão vazia e tão inútil num contexto de afirmação de sujeitos silenciados. Sim, somos todos seres humanos, mas essa proclamada universalidade não faz mais do que subsumir a parte inferiorizada à pretensa medida masculina do humano. Na hipótese mais cândida, é uma afirmação pueril; na hipótese mais plausível, é instrumento para obscurecer e materializar desigualdades. Todavia, a crítica de Beauvoir foi também criticada, exatamente pela sua matriz eurocêntrica. Grada Kilomba (2019) afirma que se para Beauvoir a mulher é o Outro do homem, a mulher negra é o Outro do Outro, uma vez que a sociedade se estrutura tanto pelo sexismo quanto pelo racismo. Audre Lorde (1984, p. 117) resume bem a crítica quando afirma que "à medida que as mulheres brancas ignoram o seu privilégio inerente de branquitude e definem a mulher em termos da sua própria experiência, as mulheres de cor tornam-se o 'Outro'".

Se, por exemplo, nos ativermos ao estereótipo da *fragilidade feminina*, percebemos que ele é construído pelo homem branco sobre a mulher branca, a qual é definida como particularmente vulnerável, reclamando proteção masculina, o que tem servido para justificar diversas formas de opressão. Todavia, as mulheres negras não são estereotipadas como mulheres frágeis, ao contrário, mas como *força bruta de trabalho*, tão indispensável para servir aos brancos, nomeadamente as brancas. Ou seja, os próprios estereótipos criados sobre as mulheres traçam o retrato da estrutura patriarcal e racista que molda as sociedades e o conhecimento. "Por não serem nem brancas nem homens, as mulheres negras ocupam uma posição muito difícil na sociedade supremacista branca. Representam uma espécie de carência dupla, uma dupla alteridade, já que somos a antítese de ambos, branquitude e masculinidade" (Kilomba, 2019, p. 125).

A crítica é fecunda, mas acaba por incorrer no mesmo erro que critica, porque identifica o Outro como um universal. Retomemos o estereótipo: as mulheres negras não são frágeis, como as brancas, porque sempre trabalharam e serviram todas as outras pessoas, nomeadamente as mulheres brancas. Mas de que mulheres brancas estamos a falar? Das burguesas, evidentemente, porque as mulheres das classes populares sempre trabalharam e nunca tiveram ninguém que as servisse, e por isso acumulam o trabalho assalariado com o trabalho doméstico. Mas, pergunto, não há mulheres negras burguesas? Quem serve as mulheres negras burguesas? Há, por isso, vários Outros (e vários Outros do Outro) e o problema é categorizarmos este Outro como universal e não percebermos que, sem recorrermos à classe social como dispositivo de análise, o patriarcado e o racismo serão sempre compreendidos de forma truncada. O que produz o Outro como desigual, como alteridade sem reciprocidade, é a combinação do machismo e do racismo a serviço da desigualdade e da exploração. As negras e as brancas pobres não cabem na experiência burguesa senão como Outro, nunca como sujeitos autônomos e autodefinidos, sujeitos que falam e são escutados.

Lugar de fala

Esta é uma discussão difícil, porque exalta ânimos, originando muitas vezes confusão sobre o que está em debate. Convém, pois, começar por delimitar o que aqui entendo por discurso. Usarei a palavra *discurso* na sua acepção foucaultiana, ou seja, não como conjunto de palavras que fazem ou buscam sentido, mas como sistema que exerce uma função de controle, limitação e validação das regras de poder em diferentes períodos históricos e grupos sociais, porque "[...] o discurso, longe de ser esse elemento transparente ou neutro no qual a sexualidade se desarma e a política se pacifica, é um dos lugares onde elas exercem, de modo privilegiado, alguns dos seus mais temíveis poderes" (Foucault, 1997, p. 10). Importa também esclarecer que o lugar de fala, conforme aqui o entendo, não tem como horizonte retirar o direito à palavra a ninguém, muito menos dizer que todos os discursos se equivalem ou que uns são mais relevantes do que outros, mas diversificar os lugares sociais de enunciação e os sujeitos que enunciam e, por consequência, recusar a ideia de que os sujeitos até ao momento reconhecidos e legitimados esgotam e são panaceia de todas as possibilidades discursivas. Não se trata, por isso, de estabelecer uma espécie de *ranking* de legitimidade discursiva, não se trata de favorecer uma epistemologia do sofrimento ou do trauma, que não seria mais do que uma epistemologia da condescendência, mas de propor uma epistemologia democrática, uma epistemologia da confrontação dialética entre os discursos do sujeito-objeto que se reclama sujeito e os discursos de um sujeito sobre um objeto que lhe é externo (e muitas vezes estranho).

A resistência dos grupos subalternos passa pela reclamação do lugar de sujeito e pela recusa do discurso da dominação. E ser sujeito significa definir a sua realidade, construir uma nova identidade – autorrepresentação –, nomeando a outra história, a que foi invisibilizada, contando a sua experiência.

> O uso do testemunho e da memória como formas de nomear a realidade permite que homens e mulheres falem sobre a experiência pessoal como parte de um processo de politização que coloca essa conversa em contexto dialético. Isso permite-nos discutir a experiência pessoal de uma maneira diferente, de uma maneira que politize não apenas a narrativa, mas a história. (hooks, 1989, p. 109)

Ao favorecer a emergência das vozes dos sujeitos subalternizados, o lugar de fala desestabiliza a teoria, criando condições de transformação e superação do discurso autorizado, que se apresenta a si próprio como universal, canônico, como retrato da totalidade da experiência humana, para contrapor a emergência de novos sujeitos políticos, complexificando a leitura da realidade, por meio do resgate da memória, das experiências e das vozes silenciadas, as quais têm estado ausentes ou apenas presentes de forma indireta e mediada. Quando alguém reconhecido como autoridade escreve sobre "um grupo ao qual não pertence e/ou sobre ele exerce poder", mesmo que o que escreve seja considerado "progressista, solidário e correto em todos os sentidos", se a sua autoridade se tiver constituído por meio da

> ausência das vozes dos indivíduos cujas experiências procura abordar ou pela rejeição dessas vozes como não tendo importância, a dicotomia sujeito-objeto é mantida e a dominação reforçada. [...] Como sujeitos, as pessoas têm o direito de definir a sua própria realidade, estabelecer as suas próprias identidades, nomear a sua história. Como objetos, a realidade de cada pessoa é definida por outras, a identidade é criada por outras, a sua história é apenas nomeada pela forma que define a sua relação com aqueles que são sujeitos. (hooks, 1989, p. 42-43)

A diversificação dos lugares de fala é por isso também uma questão de justiça epistemológica, mas não se esgota nela.

Este combate estratégico pelo lugar de fala é comum a vários movimentos sociais, é uma batalha pelo direito a transpor o lugar de objeto e ser também sujeito, sujeito que se define a si próprio, recusando a alteridade sem reciprocidade. A reclamação de justiça epistemológica transforma não apenas as relações entre sujeitos, mas também o próprio conhecimento produzido, porque, ao complexificar, está a criar as condições para alterar o que reconhecemos como realidade. Saber o que somos e porque o somos é um combate pelo reconhecimento e, nesse sentido, uma batalha pela identidade, uma identidade reclamada por meio de um processo de descolonização do lugar que os sujeitos subalternizados ocupam nas estruturas de produção de conhecimento.

Quando refiro sujeito enunciador não me estou a limitar necessária ou exclusivamente ao indivíduo que fala, mas sobretudo às suas condições sociais de enunciação, uma vez que a visibilidade e legitimidade dos discursos dependem das condições sociais de quem enuncia. Spivak (1988) pergunta se as subalternas podem falar e conclui que não, que não podem, não porque sejam incapazes de produzir frases com sentido, mas porque é impossível falar em um regime repressivo, um regime que, do ponto de vista histórico e ideológico, condicionou não apenas os atos enunciativos das pessoas subalternas, mas também a forma como a sua subjetividade é produzida e entendida.

Ou seja, as mulheres até podem falar, mas há um sistema de interdição, uma espécie de violência epistemológica, que impede que essas vozes sejam escutadas. Essa posição, se for entendida como absoluta, é problemática, porque é derrotista, parecendo postular que toda a resistência é inútil, porque vencer o poder que silencia é uma impossibilidade. Todavia, nos grupos subalternizados, falar é em si mesmo um ato de afirmação de existência e, por isso, também um ato de resistência. A importância da pergunta de Spivak, mais do que da resposta, é, pois, central. Se discordo da sua resposta quanto à possibilidade, considero-a fecunda quando interroga sobre o objetivo de falar. Pensemos, pois, o lugar de fala como uma recusa da hierarquização de saberes que resulta da hierarquia social, porque reclamar o lugar de fala tem que ver com a ausência dos grupos subalternizados do lugar de enunciação, lugar esse que permite tornar audível o discurso, legitimando-o. Todavia, o lugar de fala não pode ser visto como uma proposta essencialista, no qual só as mulheres estão autorizadas a falar sobre machismo ou só as pessoas racializadas podem falar sobre racismo. Isso seria um totalitarismo, além do mais inconsequente. A perspectiva essencialista não serve à emancipação, porque o conhecimento não é um acúmulo de experiências individuais nem a consciência é uma essência, ela é antes forjada nos combates políticos e sociais, é o resultado dessa dialética. Se o lugar de fala for entendido na perspectiva essencialista, os seus resultados pertencerão ao domínio do fragmento, legitimando discursos individualistas, acabando por reproduzir aquilo que critica – a universalização de uma experiência como retrato do humano – ou um mosaico de fragmentos. O lugar de fala não pode, pois, ser entendido como uma coleção de experiências individuais, fragmentárias, mas antes como um instrumento que permite entender como o lugar social que cada pessoa ocupa nas relações sociais e de poder condiciona o que é dito e o que é escutado, restringindo ou ampliando oportunidades.

Entender a opressão como apenas subjetiva e individual conduz à despolitização das lutas e, por isso, o lugar de fala reclama vigilância crítica, exatamente para que não se transforme numa prática que, ao relevar experiências individuais e enfatizar a diferença, obscureça as questões coletivas e estruturais, focando-se exclusivamente nas vítimas – numa espécie de narrativa moral de autoflagelação e de atribuição de culpa – e não no sistema que produz as vítimas e na necessidade da sua superação.

Wendy Brown (1995, p. 427) recorre ao conceito nietzschiano de ressentimento para caracterizar uma espécie de vingança moralizadora dos seres impotentes, a qual procura lançar o sofrimento como medida da virtude social, invertendo a lógica da dominação, mas, contudo, mantendo a lógica intacta. A experiência do indivíduo que fala importa, evidentemente que importa, mas isso não significa que a sua experiência é suficiente para explicar ou esgotar todas as questões, porque o foco deve estar, justamente, nas condições sociais que constituem o grupo do qual a pessoa forma parte e nas experiências que essa pessoa partilha com o grupo. Todavia, é indispensável que fale, porque esse ato representa uma ruptura com opressões estruturais que a afastam do direito de falar e ser escutada, do direito de ser mais do que um corpo funcionalizado numa estrutura social.

A experiência da opressão não autoriza, no entanto, nenhuma superioridade moral, porque sem reflexividade, sem consciência e sem perspectiva crítica não há conhecimento transformador. A experiência é muito importante, mas não é condição suficiente. E não podemos ignorar a dissonância que existe também nas pessoas subalternizadas, porque todas e todos conhecemos mulheres que afirmam nunca terem sido vítimas de machismo, e pessoas racializadas que dizem que nunca foram discriminadas. Porém,

> por mais que sujeitos negros sejam reacionários, por exemplo, eles não deixam de sofrer com a opressão racista – o mesmo exemplo vale para outros grupos subalternizados. O contrário também é verdadeiro: por mais que pessoas pertencentes a grupos privilegiados sejam conscientes e combatam arduamente as opressões, elas não deixarão de ser beneficiadas, estruturalmente falando, pelas opressões que infligem a outros grupos. (Ribeiro, 2017, p. 68)

O que o lugar de fala pretende enfatizar é o lugar social que o sujeito enunciador ocupa no sistema de dominação. Por isso é tão necessário "repensar maneiras de usar construtivamente a experiência e a memória", de modo a que se ultrapasse a mera referência à experiência, para que ela possa efetivamente ser politizada e, desse modo, produzir transformações. Precisamos, pois, "trabalhar para vincular as narrativas pessoais ao conhecimento de como devemos agir politicamente para mudar e transformar o mundo" (hooks, 1989, p. 110-111).

Quem pode falar e sobre o que pode falar?

Uma das dificuldades do movimento feminista resulta de ter como finalidade a organização e a defesa dos direitos do maior contingente humano do planeta: as mulheres. Não se trata de um movimento contra-hegemônico que procura organizar minorias, mas antes de organizar uma maioria, aliás, a única maioria social tratada como minoria.

O movimento feminista tem cometido vários erros, tem feito o seu percurso com avanços e recuos, tem, muitas vezes, reproduzido dentro de si aquilo que critica na sociedade. Uma das mais importantes críticas ao feminismo hegemônico foi feita pelo feminismo negro. A sua crítica acusava o feminismo hegemônico de universalizar a experiência das mulheres brancas, heterossexuais e de classe média como experiência do humano, de refletir em si as desigualdades e as relações de poder da sociedade. Em 1851, Sojourner Truth, estadunidense nascida em cativeiro, abolicionista da escravatura, ativista dos direitos das mulheres, enquanto participante da Convenção dos Direitos da Mulher, em Ohio, proferiu um dos mais marcantes discursos da história do feminismo: *E eu não sou uma mulher?*[5] Este discurso foi uma

---

[5] "Bem, crianças, onde há muita confusão deve haver algo de errado. Penso que entre os negros do Sul e as mulheres do Norte, todos falando a propósito de direitos, os homens brancos vão muito em breve ficar em apuros. Mas do que todos falam aqui? Aquele homem ali diz que as mulheres precisam ser ajudadas a entrar nas carruagens e alçadas para passarem sobre valas e terem os melhores lugares em qualquer parte. Ninguém nunca me ajudou a entrar em carruagens, a passar por cima de poças de lama ou me deu qualquer bom lugar! E eu não sou uma mulher? Olhem para mim! Olhem para o meu braço! Tenho arado e plantado, e juntado em celeiros, e nenhum homem poderia vencer-me! E eu não sou uma mulher? Posso trabalhar e comer tanto quanto um homem – quando consigo arranjar o que comer – e aguentar o chicote também! E eu não sou uma mulher? Dei à luz 13 filhos e vi a maioria deles ser vendido para a escravatura e, quando eu chorei com a minha dor de mãe, ninguém, a não ser Jesus, me ouviu! E eu não sou uma mulher? Então eles falam sobre essa coisa na cabeça; como é que se chama mesmo? [um membro do auditório sussurra 'intelecto'] É isso, meu bem. O que é que isso tem que ver com os direitos das mulheres ou com os direitos dos negros? Se a minha chávena não comporta mais do que uma medida

resposta ao machismo dos homens brancos, que justificavam a não participação das mulheres na política em virtude da sua fragilidade, mas também ao racismo das mulheres brancas, que não incluíam no seu programa a exigência do fim da escravatura. O seu discurso mostra que há várias formas de ser mulher nas sociedades que habitamos e que tudo depende das relações sociais e de poder.

Como pode o feminismo afirmar-se como teoria e prática de combate às desigualdades no enfrentamento ao patriarcado se não reconhece que há muitas formas de ser mulher? Se não reconhecermos que partimos de lugares sociais, culturais e econômicos diferentes, que fazem com que experienciemos o gênero de forma distinta, se não tivermos claro que a pertença de gênero não é a única desigualdade que atravessa a vida das mulheres, só conseguiremos construir um feminismo coxo, desinteressante, sem potencial revolucionário.

Quem são os sujeitos autorizados a falar? E quem fala está autorizado a falar sobre o quê? Existe o mesmo espaço de legitimidade para todas as pessoas? Quando uma mulher negra fala, ela pode falar de astrofísica ou só lhe é reconhecida legitimidade para falar sobre racismo? Quando uma mulher pobre fala, ela pode falar de nanotecnologia ou só lhe é reconhecida legitimidade para falar de políticas de combate à pobreza? Quando uma mulher cigana fala, ela pode falar de taxa Tobin ou só lhe é reconhecida legitimidade para falar sobre mediação intercultural?

O lugar de fala revela a ficção segundo a qual todas as pessoas falam em igualdade de circunstâncias, isto é, partem do mesmo

---

e a sua comporta o dobro, você não vai deixar que a minha meia medidazinha fique completamente cheia? Depois aquele homenzinho de preto ali disse que as mulheres não podem ter tantos direitos quanto os homens porque Cristo não era mulher! De onde veio o seu Cristo? De onde veio o seu Cristo? De Deus e de uma mulher! O homem não teve nada que ver com Ele. Se a primeira mulher feita por Deus teve força bastante para virar o mundo de cabeça para baixo sozinha, estas mulheres juntas serão capazes de colocá-lo na posição certa novamente! E agora que elas querem fazê-lo, é melhor que os homens o permitam. Obrigado aos que me ouviram, e agora a velha Sojourner não tem mais nada a dizer."

lugar de enunciação. Quem pertence a grupos sociais privilegiados têm de perceber as hierarquias produzidas a partir desse lugar e como ele determina também o lugar dos grupos subalternizados. Numa sociedade patriarcal, as mulheres experienciam o machismo e o sexismo a partir da subalternidade. Os homens experienciam-no a partir do lugar de quem se beneficia deles. Mulheres e homens têm legitimidade para falar de patriarcado, mas falam de lugares distintos, não havendo simetria discursiva, se considerarmos os seus lugares de enunciação. Reconhecer essas questões pode permitir romper com a lógica condescendente que legitima os discursos das pessoas subalternizadas apenas quando estas falam da sua subalternidade. Ao mesmo tempo, permite que aqueles que, por via do seu lugar na norma hegemônica, nunca sentiram necessidade de se pensar, se pensem. "Pensar lugares de fala [...] seria desestabilizar e criar fissuras e tensionamentos a fim de fazer emergir não somente contradiscursos" (Ribeiro, 2017, p. 89), mas discursos construídos a partir de outros referenciais e geografias.

Interseccionalidade

A teoria da interseccionalidade surge como resposta à insuficiência das teorias existentes para explicar as opressões múltiplas, nos anos 1960-1970, num contexto de proliferação de movimentos sociais mobilizados em torno de modos concretos de opressão, ganhando forma no feminismo negro, o qual denunciava a marginalização das mulheres negras dentro desses movimentos. A Declaração do Combahee River Collective (1977)[6] é provavelmente uma das melhores expressões dessa crítica:

---

[6] O nome do coletivo é uma homenagem a uma operação militar (1863) da Guerra de Secessão (EUA), engendrada por Harriet Tubman, levada a cabo no rio Combahee, Carolina do Sul. Harriet Tubman, ex-escrava, com um exército de 150 soldados afro-americanos, liderou o ataque a um barco, libertando cerca de 750 pessoas escravizadas. As fundadoras do Combahee River Collective eram membros da NBFO, National Black Feminist Organization.

> A declaração mais genérica da nossa política atual é a de que estamos ativamente comprometidas com a luta contra a opressão racial, sexual, heterossexual e de classe; encaramos como nossa tarefa particular o desenvolvimento de análises e práticas integradas, baseadas no fato de que os principais sistemas de opressão estão interligados. A síntese dessas opressões cria as condições das nossas vidas. [...] Apesar de sermos feministas e lésbicas, solidarizamo-nos com os homens negros progressistas [...]. A nossa situação como pessoas negras exige solidariedade a respeito da questão racial, o que não é uma necessidade no caso da relação entre mulheres brancas e homens brancos, a menos que seja uma solidariedade negativa enquanto opressores raciais. Lutamos lado a lado com os homens negros contra o racismo, enquanto também nos confrontamos com eles a respeito do sexismo. Percebemos que a libertação de todas as pessoas oprimidas exige a destruição dos sistemas político-econômicos capitalistas e imperialistas, bem como do patriarcado. [...] Não estamos convencidas, contudo, de que uma revolução socialista que não seja também uma revolução feminista e antirracista garanta a nossa libertação.

As premissas fundamentais do pensamento interseccional desenvolvem-se a partir de uma dupla crítica: ao feminismo hegemônico, pelo seu etnocentrismo e indiferença relativamente à questão do racismo, e ao movimento antirracista, por este não problematizar o sexismo. Mas foi sobretudo a crítica ao *solipsismo branco* (Rich, 1980) do movimento feminista e à sua incapacidade de perceber as relações de dominação e exclusão que ocorriam intramovimento que potenciaram a emergência de um pensamento interseccional. O conceito foi usado pela primeira vez pela jurista Kimberlé Crenshaw, que cunhou o termo para descrever a discriminação específica enfrentada por mulheres negras no direito do trabalho. Estas não cabiam na legislação antidiscriminação feita para proteger as pessoas negras, mas também não cabiam na legislação que protegia as mulheres.

A sua entrada nos círculos acadêmicos foi favorecida por um contexto de crítica ao positivismo e às explicações unidimensionais da estratificação social, quase sempre reduzidas às relações de classe, e por um interesse crescente pelas desigualdades e discriminações múltiplas. O paradigma interseccional se assenta nas premissas da simultaneidade de opressões e na recusa de as hierarquizar, na impossibilidade de, na disputa política, separar as opressões, na relevância dada ao conhecimento situado (lugar de fala) e às lutas identitárias, tendo em conta o cruzamento e a articulação das opressões na crítica aos movimentos identitários monistas, por estes ignorarem que as pessoas enfrentam discriminações múltiplas no cruzamento das diversas relações de dominação.

Anos antes, final da década de 1970, na França, foi avançado o conceito de *consubstancialidade das relações sociais* (Kergoat, 1978), conceito que propunha a articulação entre sexo e classe social, indo além e sendo crítico de uma certa "lógica aditiva" das opressões. Conceber as opressões nessa lógica significa conceber simultaneamente as pessoas oprimidas como competidoras entre si, impossibilitando formas de solidariedade. Consubstancialidade significa a

> unidade entre três entidades distintas, propondo que se pense o mesmo e o diferente num único movimento: 1) as relações sociais, embora distintas, têm propriedades comuns – daí o empréstimo do conceito marxista de relação social com o seu conteúdo dialético e materialista para pensar o sexo e a raça; 2) as relações sociais, embora distintas, não podem ser entendidas separadamente, sob pena de as reificar. (Kergoat; Galerand, 2014, p. 48)

Patriarcado, capitalismo e racismo são sistemas de dominação que surgem das relações sociais. Por isso é tão central à consubstancialidade pensar em termos destas relações sociais os processos que originam as categorias de gênero, classe e "raça", em vez de partir de uma trindade reificada.

Interseccionalidade e consubstancialidade são, pois, conceitos diferentes, mas foi o primeiro que ganhou espaço e reconhecimento nos meios acadêmicos, sociais e políticos, impondo-se, por vezes, como nova panaceia. Deste modo, nas últimas décadas, as desigualdades múltiplas passaram a fazer parte não só da forma de olhar a realidade, mas também, e em consequência, a moldar as reivindicações e as políticas de igualdade. A metáfora da interseção pretende chamar a atenção para as desigualdades múltiplas, as quais não devem ser entendidas como uma mera acumulação, não só porque os grupos não são homogêneos, mas também porque são interceptados por mais do que um tipo de discriminação, gerando novas formas de discriminação. Grada Kilomba (2019), por exemplo, fala em racismo de gênero, no sentido em que a opressão só pode ser compreendida na sua multidimensionalidade. Por isso, a clássica pergunta sobre se, como mulher negra, pesa mais a questão de gênero ou de raça é despropositada, já que não só não há nenhum concurso de opressões, como as duas dimensões não podem ser pensadas separadamente. Luiza Bairros (1995, p. 461) diz que "uma mulher negra trabalhadora não é triplamente oprimida ou mais oprimida do que uma mulher branca na mesma classe social, mas experimenta a opressão a partir de um lugar que proporciona um ponto de vista diferente sobre o que é ser mulher numa sociedade desigual racista e sexista".

Da proposta do Combahee River Collective ao que hoje são as várias apropriações e aproximações ao conceito de interseccionalidade vai uma distância muito grande. Hoje, várias das apropriações do conceito centram-se no discurso da autenticidade, na dinâmica interpessoal da opressão, esquecendo a base material que a engendra. Quando a proposta interseccional se afasta das causas e perde o horizonte da transformação global, torna-se um fim em si mesma, não significando mais do que um espaço para afirmar identidades inferiorizadas. Quando as políticas de identidade se centram na essência e não na causa que produz a desigualdade, o capitalismo responde com políticas de representação. Substituindo uma análise que situa a origem da desigualdade no capitalismo, o discurso identitário transforma-se numa proposta a-histórica e individualizante.

O conceito de interseccionalidade reclama, pois, vigilância crítica, no sentido de que quem o invoca raciocina muitas vezes em termos de categorias e não de relações sociais, não levando em conta as dimensões materiais da dominação e encarando a opressão do ponto de vista individual e não do ponto de vista coletivo e sistêmico, acabando por originar a fragmentação das práticas e das resistências. A estratégia do neoliberalismo tem sido precisamente a de atacar as bases do pensamento e organização coletivos, favorecendo a ideia da necessidade de afirmar um eu autêntico, por meio do recurso ao trauma e à vitimização como únicas bases em torno das quais as pessoas podem encontrar afinidades e se podem mobilizar. "O neoliberalismo constitui um ataque à solidariedade coletiva, transformando as bases econômicas, políticas e culturais nas quais as pessoas se unem. Ao fazê-lo, pessoaliza as causas do sofrimento em trauma individual, que por sua vez pode ser autogerido" (Shi, 2018, p. 278), terraplanando as bases da resistência e propostas coletivas. A interseccionalidade não pode, também por isso, ser apenas a configuração de uma rede de solidariedades, tem antes de significar a possibilidade de uma estratégia de reclamação de um novo comum, de um novo sujeito coletivo. Este, que deverá surgir da intersecção das relações de classe, gênero e "raça", deve ter como premissa, não uma exclusão ou injustiça particulares (materiais e/ou simbólicas; identidade baseada no trauma e na vitimologia), mas a capacidade de imaginar a libertação futura. A identidade deve ser entendida e vivida na perspectiva da sua superação, exatamente porque tem raízes históricas.

Feminismo sob ataque

A invenção da "ideologia de gênero"

A "ideologia de gênero" surgiu como expressão pejorativa para desqualificar os estudos de gênero, um campo científico interdisciplinar que investiga, estuda e produz conhecimento e reflexão, ajudando a perspectivar respostas para superar as desigualdades, violências e discriminações cotidianas. É uma expressão que entrou de rompante no discurso político e que rapidamente foi adotada pelo senso comum. De um ponto de vista conceitual, a expressão representa uma tentativa de ressignificação assente na menorização e deturpação – consciente e deliberada – de uma teoria – e não ideologia – que, dito de forma breve e simplificada, explica que as desigualdades não são naturais, resultam antes de processos sociais, culturais e econômicos, os quais estruturam relações sociais e de poder desiguais, ocupando nelas as mulheres um lugar subalterno e depreciado.

Como todos os conceitos, também o de gênero tem história. Em 1884, Friedrich Engels publicou *A origem da família, da propriedade e do Estado*, na qual procedeu a uma análise histórica da família e da forma como esta se relaciona com as questões de classe, da subalternidade feminina e da propriedade privada. A tese que então hegemonizava era a de que a situação social, política, econômica e cultural subordinada das mulheres era fruto e expressão da natureza/essência feminina. E a revolução operada por Engels consistiu precisamente na recusa do essencialismo e na busca das razões históricas e materiais capazes de explicar a dominação masculina e a subordinação feminina. A aplicação do materialismo histórico à análise da família permitiu que a opressão fosse desnaturalizada, revelando que o lugar depreciado que as mulheres ocupam nas estruturas sociais, culturais e econômicas tem raízes na história, não resultando de uma essência ou característica biológica.

A teoria de gênero, como teoria, surge, no entanto, no século XX, tendo sido profundamente influenciada pela publicação, em 1949, de *O segundo sexo*, de Simone de Beauvoir. Numa expressão, Beauvoir resumia esta revolução copernicana: "ninguém nasce mulher, torna-se mulher". Esta declaração abriu espaço à ideia de que sexo e gênero são coisas diferentes. O sexo é um dado biológico e o gênero é a interpretação cultural do sexo.[7]

---

[7] Judith Butler contesta esta ideia, sugerindo que tanto o sexo como o gênero são construções sociais que resultam de uma tensão entre determinismo e liberdade. Cf. Judith Butler (2017).

Podemos nascer mulheres no sentido biológico, mas precisamos percorrer um conjunto de normas sociais para nos descobrirmos mulheres. A obra de Beauvoir é herdeira desta matriz histórica e dialética, no sentido em que problematiza o conceito mulher como construção social, recusando abordagens essencialistas e antecipando em quase duas décadas um debate que se revelaria fundamental para o feminismo da segunda onda. Com todas as suas cambiantes e dificuldades, a teoria de gênero não nega as diferenças morfossexuais, aquilo que diz é que essa diferença não justifica nem é a raiz da desigualdade, falemos de sexo biológico ou de sexo atribuído à nascença.

Por essa razão, os seus detratores são tão insistentes nesses dois termos: ideologia, em oposição à teoria, e gênero, que confundem com sexo biológico. Do ponto de vista político, a expressão representa um ataque do conservadorismo e do fundamentalismo ao feminismo, que acusam de atacar a família e os valores tradicionais e de ignorar a "sexualidade natural" e as diferenças sexuais que confirmariam e justificariam a sociedade estratificada e a dominação masculina, no sentido que aqui importa. Ou seja, não se trata apenas de uma retórica, mas também uma práxis de terraplanagem de todas as conquistas dos grupos feministas, mas também dos movimentos LGBT+, em nome da restauração de uma velha ordem desigual e opressora.

Mas como apareceu a "ideologia de gênero"? Que apoios recolhe? Que função desempenha? A obra O *Evangelho face à desordem mundial,* da autoria do clérigo Michel Schooyans (1997) e prefaciada pelo então cardeal Joseph Ratzinger, mais tarde papa Bento XVI, foi publicada em 1997 com o objetivo de assinalar e comentar os 50 anos da Declaração Universal dos Direitos Humanos. É, provavelmente, o primeiro documento em que a expressão é utilizada. Todavia, a primeira referência de um organismo oficial da Igreja Católica à expressão data do ano seguinte. Pela pena do bispo Óscar Alzamora Revoredo, presidente da Comissão *ad hoc* da Mulher da Conferência Episcopal Peruana, foi publicado o texto "A ideologia de gênero: seus perigos e alcances" (Alzamora Revoredo, s/d), no qual se defendia, entre tantas outras coisas, que tal conceito encobria "uma agenda inaceitável que incluiria a tolerância das orientações e identidades homossexuais". Em 2004, o Conselho Pontifício para a Família dirigiu uma carta aos bispos da Igreja Católica alertando para o potencial do gênero – conceito e políticas – na destruição dos valores femininos da Igreja, no fomento de conflitos entre os sexos e na contestação da distinção natural e hierárquica entre homens e mulheres, na qual se baseiam os valores familiares e a vida social por si defendidos. Em 2016, o papa Francisco, numa reunião à porta fechada com bispos da Polônia, subiu a parada. Afirmava ele que

> estamos a viver um momento de aniquilação do homem como imagem de Deus. [...] Por detrás de tudo isto existem ideologias. Na Europa, América, América Latina, África e em alguns países da Ásia, existem formas genuínas de colonização ideológica. E uma delas – vou nomeá-la claramente pelo seu nome – é o gênero. [...] Hoje em dia, crianças – crianças! – são ensinadas na escola que qualquer pessoa pode escolher o seu sexo! [...] Em conversa com o papa Bento XVI, ele disse-me: 'Sua Santidade, esta é a era do pecado contra Deus, contra o Criador.' Deus criou o homem e a mulher; Deus criou o mundo de uma certa forma... e estamos a fazer exatamente o contrário. (Oficina de Imprensa da Santa Sede, 2016)

O combate à teoria de gênero é um programa político conservador, misógino, homofóbico, transfóbico, racista..., porque, na verdade, a lógica desse discurso estende-se muito além das questões de gênero. O programa da "ideologia de gênero" é o fundamentalismo e, por isso, não espanta que o discurso da Igreja Católica tenha tido tão caloroso acolhimento nos setores mais conservadores e reacionários.

Nos últimos anos, vários processos eleitorais foram atravessados por esta cruzada, dos Estados Unidos ao Brasil, mas também na Europa. Na Polônia, em 2016, o partido ultraconservador no poder – Lei e Justiça – foi forçado a recuar na sua tentativa de proibir o aborto em quaisquer circunstâncias, porque as mulheres ocuparam de forma massiva as ruas em defesa da manutenção da lei.[8] A nova Constituição da Hungria de Viktor Orbán, em vigor desde 2012, reconhece a "instituição casamento como a união estabelecida por decisão voluntária entre um homem e uma mulher". O recuo na lei do aborto tornou-se uma possibilidade real, porque a nova Constituição postula que "a vida embrionária e fetal deve ser protegida desde o momento da concepção". Trump e Bolsonaro fizeram da perseguição às minorias sociais um eixo central do seu programa político. Uma das formas de se afirmarem politicamente consistiu precisamente em autonomearem-se porta-vozes de uma espécie de ressentimento instalado em alguns setores sociais que, por via da ignorância e/ou mesquinhez, atribuem o seu mal-estar à conquista de direitos por parte de grupos sociais subalternos, transformando-os em bodes expiatórios. As vitórias de Trump e Bolsonaro provam que não se tratava apenas de retórica, porque nos EUA e no Brasil os direitos recuaram efetivamente e o clima que se vive é de perseguição e intimidação. Se olharmos para as formações da direita conservadora e da extrema-direita, percebemos que esta retórica está presente em todas. O combate à teoria de gênero, que deve ser entendido como um ataque às políticas de igualdade, é uma espécie de denominador comum entre todas estas formações, o que revela uma agenda concertada e construída com o propósito do retrocesso, da estigmatização e perseguição de determinados grupos sociais, em nome da restauração da velha ordem social. Acontece que a diversidade e a complexidade da sexualidade humana não vão desaparecer porque a direita reacionária o deseja e nisso se empenha. Mas essa postura exigirá, sem dúvida, um maior compromisso com todas as pessoas que

---

[8]   A Polônia tem a lei mais restritiva sobre o aborto em toda a Europa, com a interrupção da gravidez só sendo permitida quando a vida do feto ou da mulher grávida estão ameaçadas, ou quando a gravidez resulta de violação ou incesto. Já em 2018, o parlamento rejeitou uma proposta que propunha o fim de algumas restrições ao aborto, aprovando, em vez delas, medidas que tornam o acesso a uma interrupção voluntária da gravidez ainda mais difícil.

procuram viver a sua sexualidade sem estigma e sem violência e esse é o papel da esquerda e das forças progressistas.

O "politicamente correto" como arma de deslegitimação

A par dos discursos contra a teoria de gênero anda um outro: o discurso contra aquilo que denominam de "politicamente correto". A origem da expressão é difusa. Nos EUA ela aparece em jornais socialistas da década de 1930, mas só nas décadas de 1960-1970 tem efetiva presença na linguagem comum. Era uma expressão usada como uma espécie de brincadeira entre militantes de esquerda, para parodiar quem consideravam demasiado virtuoso ou dogmático. Porém, na década de 1990, um número considerável de jornais começou a usá-la para se referir a restrições ao que os e as estudantes podiam ou não dizer para não ofenderem as mulheres ou as minorias, ou seja, a expressão só ganhou a interpretação que tem hoje quando a direita dela se apropriou e a começou a usar para atacar um conjunto de mudanças culturais, sociais e políticas com as quais não estava de acordo. A expressão passou, pois, a ser usada como arma de deslegitimação das mudanças que iam ocorrendo.

Hoje, invocar o "politicamente correto" como crítica ao que se diz – e como acusação – é uma manobra retórica que torna o debate democrático impossível, uma manobra assente na produção de uma dinâmica que explora sentimentos de exclusão política e econômica e procura instaurar o conservadorismo no senso comum. A direita populista e a extrema-direita têm feito, com sucesso, da batalha contra o "politicamente correto" uma das suas linhas de ação, explorando o desconforto e o ressentimento das pessoas comuns, que se sentem acossadas pelas críticas a formas coloquiais de expressão que reproduzem estereótipos e discriminações, e procurando diminuir a importância do debate sobre linguagem inclusiva, numa tentativa de o deslocar para a temática da liberdade de expressão, à qual, definitivamente, ele não pertence. A crítica ao "politicamente correto" tornou-se uma forma de mascarar o racismo e o sexismo, tornando-se uma arma de deslegitimação de direitos reclamados e conquistados. Lamentavelmente, uma parte da esquerda juntou a sua voz a este coro. O ódio ao "politicamente correto" expressa-se mais pela reação do que pela ação: é a reação de quem se defende daquilo que acredita ser um ataque. E, afinal, de que ataque se trata? Do ataque a privilégios antes entendidos como direitos. Daí que o queixume "já não se pode dizer nada" se tenha tornado um clássico na boca de quem perdeu o privilégio de amesquinhar. Acontece que raramente um machista se assume como machista e anuncia que vai dizer coisas machistas. A sua estratégia consiste precisamente em fazer passar o seu preconceito pelo direito a dizer "verdades inconvenientes", o direito a falar sem filtros, a expressar-se livremente. Se um trabalhador branco afirma "eu sou politicamente incorreto, por isso digo as verdades e a verdade é que estou desempregado porque as leis protegem imigrantes e discriminam nacionais", qualquer pessoa que ouse corrigi-lo – porque o que diz é falso e baseado em preconceitos – aparecerá aos seus olhos como polícia do discurso, como cerceadora da sua liberdade de expressão. E a direita e a extrema-direita manipulam estes sentimentos equivocados e primários de forma extremamente eficaz, legitimando preconceitos e estereótipos. Acontece que ofender minorias não é um direito, é uma violência inaceitável. A transformação da linguagem deve, pois, andar a par – e fazer parte – do processo de transformação social, da alteração da relação de forças.

Se há um perigo que o "politicamente correto", de fato, encerra é precisamente o da hipocrisia, muito presente, por exemplo, em discursos envernizados, aqueles que, recorrendo à linguagem inclusiva, o fazem por oportunismo e conveniência e não por respaldo das mudanças ocorridas ou em processo.

A dificuldade em aceitar perder privilégios marca tanto a direita quanto a esquerda, parte dela também machista, misógina e homofóbica, e perpassa todas as classes sociais. Substituir o conhecido pelo desconhecido mexe com questões profundas.

Um homem pobre, branco ou negro, poderia ter na piada sobre "boiolas" ou "loiras" um salvo-conduto para a afirmação da sua supremacia heterossexual e masculina. Acontece que o problema das piadas homofóbicas e machistas não está na capacidade interpretativa ou no sentido de humor das pessoas LGBT+ ou das feministas, o problema está na naturalização do preconceito e da violência. Por isso, o importante para alterar a relação de forças é que este homem consiga compreender que os homossexuais e as mulheres são os seus aliados no combate ao sistema que esmaga com o mesmo empenho pessoas pobres, negras, homossexuais e mulheres.

Justiça: redistribuição, reconhecimento e representação

O fim do "socialismo real" da URSS e os processos de globalização geraram, por um lado, a crise da política tradicional e, por outro, a dificuldade em legitimar muitas das propostas do movimento socialista. Face a isto, a emergência dos novos movimentos sociais, que ocorreu sob escombros do socialismo real e da globalização acelerada da economia, originou o deslocamento da centralidade antes atribuída ao paradigma distributivo para um paradigma culturalista, em cujo centro estão as questões da identidade e da diferença. Neste trânsito, assistimos à despolitização do discurso sobre a economia, ao mesmo tempo que as identidades e as diferenças se politizaram.

Os dois paradigmas assumem diferentes concepções de justiça. Para o paradigma redistributivo, a injustiça tem uma raiz socioeconômica, originada pela exploração e pela marginalização de determinados grupos sociais. Os grupos que a sofrem são designados por classe, pois são grupos definidos economicamente e pela relação que estabelecem com o mercado e com os meios de produção. As diferenças entre os grupos ou classes são, assim, entendidas como resultantes de diferenciações econômicas injustas, provocadas por uma política inadequada. Este paradigma encontra na transformação econômico-social (alteração da estrutura da propriedade, nova divisão do trabalho...) a proposta para a superação das desigualdades. Esta passará, pois, pela reivindicação da abolição das diferenças entre as classes sociais e, em última análise, pela dissolução da sociedade de classes. O paradigma do reconhecimento, por sua vez, considera que a injustiça tem origem em diversas injustiças culturais que provocam a invisibilidade e o não reconhecimento de determinados grupos. Quem a sofre não é caracterizado por uma pertença de classe, mas antes pela relação de reconhecimento que se estabelece – respeito, consideração e prestígio – entre grupos sociais culturalmente reconhecidos e grupos sociais não reconhecidos e/ou depreciados. Aqui, o sentido da diferença pode ser interpretado de duas formas distintas. Uma das interpretações diz-nos que há variações culturais benignas preexistentes que um injusto esquema interpretativo transformou numa hierarquia valorativa. A justiça, neste caso, requer que se revalorize o desvalorizado, provocando e incentivando uma celebração das diferenças. Outra interpretação diz-nos que as diferenças não preexistem, são antes construídas em função de uma hierarquia valorativa. Deste modo, o processo proposto é o da desconstrução dos termos em que as diferenças foram construídas, e não a sua celebração. Aqui, a justiça requer uma alteração cultural e simbólica construída por meio da revalorização e visibilização das identidades silenciadas.

Estas duas perspectivas, de redistribuição e reconhecimento, apresentam-se muitas vezes como contraditórias entre si. Nancy Fraser (2003) propõe uma reconceitualização do termo *justiça* que implica o entendimento do reconhecimento, da redistribuição e da representação como dimensões interdependentes para compreendermos as raízes da injustiça e das desigualdades. O gênero é um dos exemplos que identifica, pois a injustiça dessas relações relaciona-se tanto com a estrutura econômica como com o estatuto social. A partir da perspectiva redistributiva, o gênero é um princípio de organização econômica cuja origem pode ser encontrada, por exemplo, na divisão sexual do trabalho, a qual estabelece diferenças entre trabalho pago e não pago – assalariado e doméstico e dos cuidados– e entre trabalho bem pago e trabalho mal pago. O resultado dessa divisão sexual do trabalho é uma estrutura econômica que gera formas de injustiça distributiva genderizada e que reclama uma transformação redistributiva. A lógica procurada para esta transformação é aquela que preside à lógica de classe, pois

> tal como a classe, a justiça de gênero requer a transformação da economia para eliminar a estrutura de gênero. Eliminar a má distribuição específica de gênero requer a abolição da divisão do trabalho genderizada – a divisão genderizada entre trabalho pago e não pago e as divisões entre o trabalho pago. (Fraser, 2003, p. 20)

Todavia, o gênero pode e deve ser também interpretado a partir de outra perspectiva, porque a genderização das sociedades não resulta apenas de uma injustiça redistributiva, mas também do estatuto social e cultural depreciado reservado para as mulheres. O androcentrismo é uma das maiores injustiças de gênero, uma marca de valor cultural que privilegia características associadas à masculinidade, ao mesmo tempo que invisibiliza e deprecia o que está relacionado com o feminino. Reflete-se em diversas áreas da vida, do Direito (leis da família, código penal...), que conforma as construções jurídicas de privacidade, autonomia, igualdade etc., às políticas institucionais, incluindo as reprodutivas, passando pela ciência e pela cultura, contribuindo para a estereotipia e a representação das mulheres como pessoas de segunda, como o Outro, o segundo sexo. Resolver estas injustiças reclama políticas de reconhecimento. Ou seja, o gênero só pode ser compreendido na sua multidimensionalidade, isto é, por meio da combinação da questão econômica com a questão do estatuto ou prestígio. Isto significa que os sujeitos coletivos subalternos, neste caso concreto as mulheres, são simultaneamente grupos econômicos e de esta-tuto e, por isso, "a injustiça de gênero só pode ser remediada por uma aproximação que inclua ambas as políticas de distribuição e reconhecimento" (Fraser e Honneth, 2003, p. 22). Pensar a justiça e a superação das desigualdades requer, pois, a recusa do antagonismo entre políticas distributivas e políticas de reconhecimento, a recusa da oposição entre aquilo que fazemos e aquilo que somos, entre modos de produção e identidades.

A oposição entre aquilo que fazemos e aquilo que somos pressupõe, além do mais, uma concepção dualista de ser humano, uma dissociação entre corpo e espírito, o que é uma ficção, porque aquilo que somos resulta daquilo que fazemos, do mesmo modo que aquilo que fazemos resulta daquilo que somos, ou, como diz António Damásio (1994, p. 133), "não é apenas a separação entre mente e cérebro que é um mito. É provável que a separação entre mente e corpo não seja menos fictícia. A mente encontra-se incorporada, em toda a acepção da palavra, e não apenas cerebralizada". Não há esferas estanques, mas complexidade relacional. Ao contrário da consideração do modo de produção como totalidade estrutural, a teoria da reprodução social defende que produção e reprodução não são esferas distintas (Fraser, 1987; Vogel, 2014) e que a reprodução social é um dos mecanismos pelos quais o capitalismo lida com a reprodução da força de trabalho em cuja exploração se baseia.

O direito ao aborto como reclamação de uma justiça reconfigurada

A reclamação do direito ao aborto é uma das propostas do movimento feminista que atravessa fronteiras. O ano de 2020 terminou com um enorme sinal de esperança vindo da Argentina e que esperamos tenha a força mobilizadora para varrer as legislações proibicionistas da América Latina (e do mundo).

Várias são as aproximações ao problema e várias são as cacofonias muitas vezes resultantes, precisamente porque alguns argumentos se centram mais na justiça redistributiva e outros se centram preferencialmente na justiça cultural. Creio que só conseguimos perceber o problema na sua complexidade, e encontrar uma proposta abrangente, se articularmos a dimensão do reconhecimento – as razões políticas e culturais – e a dimensão redistributiva – as razões econômicas.

Se a censura social que recai sobre aquelas que abortam resulta da falta de reconhecimento da autonomia das mulheres relativamente às escolhas sobre o seu corpo, também é verdade que uma das mais fortes razões invocadas para defender a descriminalização do aborto são as razões econômicas, isto é, a (in)capacidade de criar uma ou mais crianças.

As leis proibicionistas têm um efeito dissuasor praticamente nulo. Raramente uma mulher que decide interromper a sua gravidez deixa de o fazer por este ser um procedimento ilegal. No entanto, esta decisão é marcada por profundas desigualdades. Nos países em que o aborto é proibido (patriarcado coercitivo), as mulheres que decidem interromper a gravidez fazem-no recorrendo aos circuitos clandestinos, arriscando a sua vida e a sua liberdade, ou procurando a legalidade nos países em que ele é legal, garantindo a sua vida e a sua liberdade. Esta não é, portanto, uma escolha livre, é antes uma escolha profundamente marcada e determinada pela capacidade econômica de cada uma.

Conceber a maternidade como um direito, e não como uma fatalidade, implica não apenas garantir que a gravidez pode ser interrompida, mas também que as decisões das mulheres sejam respeitadas, sejam elas quais forem, independentemente da sua capacidade econômica. A defesa da maternidade como um direito não se esgota na existência de uma lei que permita o aborto bastando a vontade da mulher, exige também um Estado social capaz de garantir a liberdade das escolhas. A maternidade como um direito implica que todas as mulheres devem ser livres para escolherem se, quando e quantos filhos/filhas querem ter. Garantir a maternidade como um direito passa, pois, por legislar, descriminalizando o aborto, mas também por garantir um Estado social capaz de responder às mulheres que querem ter filhos/filhas, mas não têm condições econômicas para fazerem essa escolha. Se assim não for, a maternidade passa a ser um privilégio, e não um direito, daquelas que têm capacidade econômica, instaurando-se uma espécie de *apartheid* social entre ricas e pobres, entre brancas e racializadas, porque sabemos que a pobreza é também racializada.

Discutir o direito ao aborto reclama, pois, que o entendamos de forma multidimensional, para podermos gizar uma resposta global, capaz de responder aos problemas salientados pelas esferas do reconhecimento e da redistribuição. O direito ao aborto é uma proposta que resulta, simultaneamente, de compreendermos a sua proibição como uma menorização intelectual e emocional das mulheres, a quem não é reconhecida capacidade para decidir de forma consciente sobre o seu corpo e a sua vida, mas também de percebermos que a sua proibição conduz a um problema de saúde pública que, além do mais, discrimina social e economicamente as mulheres que a ele recorrem, além de criar desigualdades no cumprimento do direito à maternidade.

O sistema patriarcal-racista-capitalista

Ao longo do tempo, a relação entre patriarcado, racismo e capitalismo tem sido muito debatida, originando diferentes perspectivas e abordagens, confluindo quase todas, no entanto, na consideração de que patriarcado, racismo e capitalismo são sistemas autônomos, mas que interagem e se reforçam mutuamente (Arruzza, 2010). De uma forma simplista, pode sintetizar-se este longo debate em duas abordagens principais: a primeira diz que patriarcado, racismo e capitalismo se combinam entre si num processo de interação recíproca que reestrutura as relações de classe; a segunda diz que o capitalismo é indiferente ao gênero e à "raça", tendo com eles uma relação essencialmente contingente e oportunista. Há, todavia, uma terceira abordagem que argumenta que nas sociedades de capitalismo avançado, patriarcado, racismo e capitalismo não existem mais como sistemas autônomos, na medida em que o capitalismo não é apenas um modo de produção, é também uma ordem social institucionalizada (Fraser, Jaeggy, 2018). Esta abordagem não significa que a opressão de gênero ou o racismo sejam subestimados, antes nos coloca perante a exigência de respondermos à crítica tantas vezes feita ao marxismo, aquela que o acusa de ver o capitalismo como um conjunto de leis puramente econômicas. Se rejeitarmos a ideia de capitalismo como conjunto de leis puramente econômicas exatamente porque recusamos a ideia de fragmentação do real, e o entendermos como um complexo sistema de relações sociais que contêm em si relações de exploração, dominação e alienação, percebemos a dinâmica da acumulação capitalista como uma dinâmica produtora de desigualdades que não são estritamente econômicas.

Vejamos um exemplo, o da prestação de cuidados, tradicionalmente realizada por mulheres. Nos últimos anos, os fluxos migratórios têm alterado substancialmente a forma como este trabalho é concebido. Sara R. Farris (2017), no seu estudo sobre femonacionalismo, compara as políticas de imigração em três países europeus – França, Países Baixos e Itália – e conclui que estas revelam uma aposta no encorajamento às mulheres migrantes para que sejam ativas no mercado de trabalho, mas orientam-nas, de fato, para os empregos que as pessoas europeias não querem realizar: as tarefas domésticas, as limpezas, a prestação de cuidados. Em consequência, estas atividades, que se mantêm feminizadas, foram profundamente racializadas. Ou seja, sob a capa de uma agenda de ação afirmativa, que até recebeu apoio de algumas feministas equivocadas ou distraídas, o que esta política fez foi substituir as mulheres europeias por mulheres não europeias, mantendo e reforçando a desvalorização social e econômica deste tipo de trabalho. Assim, as relações de poder baseadas no gênero ou na "raça" devem ser percebidas como momentos concretos do capitalismo entendido como totalidade articulada, complexa e contraditória. Daí a necessidade de entender o machismo e o racismo, não como resíduos de formações sociais passadas que continuam a existir na sociedade capitalista como sistemas autônomos, mas como parte integrante da sociedade capitalista, como resultado de um longo processo histórico que dissolveu os modos de vida precedentes.

O esforço do feminismo anticapitalista deve, pois, ser o de procurar superar o *também* que geralmente é acrescentado à proposta socialista, a proposta de um socialismo *também* feminista, um socialismo *também* antirracista. Não há socialismo que sirva ao momento presente se ele não for intrinsecamente feminista e antirracista, pois só assim ele se constitui como proposta alternativa ao capitalismo e a todas as desigualdades que este instaura. Repensar o trabalho – produção e reprodução social –, repensar a classe, de modo a incluir todos os sujeitos, é o que nos pode possibilitar engendrar as estratégias que se podem traduzir em ação e resistência coletivas no enfrentamento do sistema patriarcal-racista-capitalista.

Igualdade de gênero e feminismo anticapitalista

Se hoje dizermo-nos feministas já não *faz com que nos caiam os parentes na lama*, tornou-se bastante complexo orientarmo-nos no emaranhado de coletivos e movimentos que reivindicam o termo. Na verdade, o feminismo sempre se disse no plural. No movimento feminista há diversas correntes – das liberais às anticapitalistas – em disputa política. Encontrar a nossa singularidade é um dos desafios que enfrentamos. Nesse exercício, o de perceber que feminismo é, afinal, o nosso, quero convocar Marx (2010) e a distinção que propôs entre *emancipação política* e *emancipação humana*. Marx referia-se à questão judaica, contudo, creio, a sua análise é fecunda se aplicada aos feminismos. Dizia Marx que estamos perante *emancipação política* quando um grupo social subordinado conquista o direito de participação social e política. A emancipação é alcançada por esse grupo social concreto, todavia a sociedade não modifica as suas estruturas, ou seja, as conquistas particulares, se bem que garantam um certo nível de emancipação a um determinado grupo social, não transformam a sociedade como um todo. A *emancipação humana*, a sua vez, exige a emancipação do conjunto da sociedade, de todas as suas estruturas – políticas, econômicas, jurídicas, culturais etc.

A proposta de Marx permite-nos distinguir entre feminismo liberal, cujo objetivo é a igualdade de direitos entre homens e mulheres – igualdade de gênero – e feminismo anticapitalista, que, entendendo a igualdade de gênero como emancipação política, percebe que apenas a emancipação humana pode superar o sistema que produz as desigualdades. O feminismo liberal foca-se na feminização das empresas e na cultura *mainstream* sem questionar as desigualdades de classe e o racismo, o que faz da sua proposta uma espécie de álibi que autoriza a exploração de outros grupos sociais: imigrantes, pessoas racializadas, pobres... A igualdade de gênero é, por isso, o mínimo denominador comum do movimento feminista e, simultaneamente, uma linha de fronteira. Uma materialização da proposta feminista liberal é precisamente a do combate aos *tetos de vidro* (*lean in*), a qual, respondendo a uma injustiça – a segregação existente nos cargos de responsabilidade e chefia –, mantém a estratificação social e as estruturas de dominação, configurando, por isso, um combate pela igualdade de oportunidades na dominação. Evidentemente que o feminismo anticapitalista não é insensível ao problema dos *tetos de vidro*, mas, seguindo o exemplo do mundo do trabalho, o diferencial entre a remuneração mais elevada e a mais baixa é o que mobiliza as suas preocupações, exatamente porque na base da pirâmide salarial estão as mulheres,[9] tornando-se claro que se esta expressão da dominação não for contrariada, este presente será também o futuro. Ao feminismo anticapitalista não basta, pois, tornar mista a estrutura da dominação, mas superá-la.

---

[9] Em Portugal, as mulheres são 46,2% da força de trabalho assalariado da economia formal e representam 51,1% das pessoas que ganham um salário-mínimo. Segundo dados do Gabinete de Estratégia e Planejamento (GEP) do Ministério do Trabalho, Solidariedade e Segurança Social (MTSSS), as mulheres são 54% da população em risco de pobreza, 51% das pessoas beneficiárias do Rendimento Social de Inserção, 70,3% das pessoas que recebem o Complemento Solidário para Idosos, 81,6% das pessoas a receber a Pensão de Sobrevivência.

Concluindo a ideia, só a emancipação humana é portadora da resposta para as desigualdades que o capitalismo instaura, ou seja, se é possível melhorar as condições de vida concretas das mulheres sob o capitalismo, não é possível superar o patriarcado sem superar também o capitalismo, porque eles são um e o mesmo sistema.

O feminismo não é uma utopia

O feminismo não fala a uma só voz. Como em todos os movimentos sociais, também no feminismo há correntes, umas em oposição aberta e declarada, outras com pontos de contato e portas de diálogo. O novo internacionalismo surgido com o movimento da Greve Feminista tem sido um laboratório no cruzamento das lutas e das identidades, nas aprendizagens e na construção coletiva de um novo sujeito revolucionário (Arruzza, 2019). Num momento em que o recuo das forças emancipatórias parecia impor-se, a Greve Feminista tem sido um movimento criativo, capaz de pôr em cima da mesa novos debates – da ideia de greve social à necessidade de reconfigurar o conceito de trabalho, rompendo as fronteiras entre trabalho produtivo e trabalho reprodutivo – e novas ferramentas para agir e transformar o mundo – a solidariedade que coloca a vida no centro das preocupações.

Quixote dizia a Sancho, e cito de memória, que mudar o mundo não é loucura, não é utopia, é justiça. Por isso é que o feminismo não é uma utopia, é um programa de ação.

Referências

ARRUZZA, Cinzia *et al*. *Feminism for the 99%*. A Manifesto. Londres: Verso, 2019.

ARRUZZA, Cinzia. *Feminismo e marxismo*. Entre casamentos e divórcios. Lisboa: Edições Combate, 2010.

ALZAMORA REVOREDO, Oscar. La ideología de género. Sus peligros y alcances. Disponível em: https://www.aciprensa.com/controversias/genero.htm. Acesso em: 7 maio 2021.

BAIRROS, Luiza. Nossos Feminismos revisitados. *In*: *Estudos Feministas*, v. 3, n. 2, p. 458-463, 1995.

BEAUVOIR, Simone. *O segundo sexo*. A experiência vivida (vol. 2). Venda Nova: Bertrand, 1975.

BEAUVOIR, Simone. *O segundo sexo*. Os factos e os mitos (vol. 1). Venda Nova: Bertrand, 1975.

BROWN, Wendy. *States of injury:* power and freedom in late modernity. Princeton: Princeton University Press, 1995.

BUTLER, Judith. *Problemas de gênero*. Feminismos e subversão da identidade. Lisboa: Orfeu Negro, 2017.

DAMÁSIO, António. *O erro de Descartes*. Mem Martins: Europa--América, 1994.

GALEANO, Eduardo. *El libro de los abrazos*. Buenos Aires: Siglo XXI, 1993.

FARRIS, Sara R. *In the name of women's rights*. The rise of femonationalism. Durham: Duke University Press, 2017.

FOUCAULT, Michel. *A ordem do discurso*. Lisboa: Relógio d'Água, 1997.

FRASER, Nancy; HONNETH, Axel. *Redistribution or recognition? A political-philosophical exchange*. Londres: Verso, 2003.

FRASER, Nancy; JAEGGI, Rahel. *Capitalism: A conversation in critical theory*. Cambridge: Polity Press, 2018.

FRASER, Nancy. O que é crítico na Teoria Crítica? O argumento de Habermas e o gênero. *In*: CORNELL, Drucilla; BENHABIB, Seyla (org.). *Feminismo como crítica da modernidade*. Releitura dos pensadores contemporâneos do ponto de vista da mulher. Rio de Janeiro: Rosa dos Ventos, 1987.

GONZALEZ, Lélia. Racismo e sexismo na cultura brasileira. *Revista Ciências Sociais Hoje*, São Paulo, ANPOCS, p. 223-244, 1984.

HIRATA, Helena; KERGOAT, Danièle. La clase obrera tiene dos sexos. *Viento Sur*, p. 81-87, dez. 1993.

HOOKS, bell. *Talking back. Thinking feminist, thinking black*. Boston: South End Press, 1989.

KERGOAT, Danièle; GALERAND, Elsa. Consubstantialité vs intersectionnalité? À propos de l'imbrication des rapports sociaux. *Nouvelles Pratiques Sociales*, vol. 26, n. 2, primavera, p. 44-61 2014.

KERGOAT, Danièle. Ouvriers = ouvrières? Propositions pour une articulation théorique des deux variables: sexe et classes sociales. *Critiques de l'économie politique*, n. 5, p. 65-97, 1978.

KILOMBA, Grada. *Memórias da plantação*. Episódios de racismo quotidiano. Lisboa: Orfeu Negro, 2019.

LORDE, Audre. *Age, race, class, and sex:* women redefining difference, sister outsider*: Essays and Speeches*. Berkeley: Crossing Press, 1984.

MARCUSE, Herbert. *One-Dimensional Man.* Studies in the ideology of advanced industrial society. Londres: Routledge, 1991.

MARX, Karl; ENGELS, Friedrich. *O Manifesto Comunista* [1848]. Lisboa: Avante, 1997.

MARX, Karl. *Sobre a questão judaica*. São Paulo: Boitempo, 2010.

MILLET, Kate. *Sexual politics.* Nova Iorque: Doubleday, 1970.

MORAN, Marie. Identity and identity politics: A cultural materialist history. *In*: *Historical Materialism*, *Identity Politics*, Boston: Brill, vol. 26, n. 2, p. 21-45, 2018.

OFICINA DE IMPRENSA DA SANTA SEDE. "Dialogo del Santo Padre con i Vescovi della Polonia....". *In*: Boletino sala stampa della santa sede, 2016. Disponível em: https://press.vatican.va/content/sa-lastampa/it/bollettino/pubblico/2016/08/02/0568/01265.html#po Acesso em: 7 de maio 2021.

PATEMAN, Carole. *O contrato sexual*. São Paulo: Paz e Terra, 1993.

PERISTA, Heloísa *et al. Os usos do tempo de homens e de mulheres em Portugal*. Lisboa: CESIS – Centro de Estudos para a Intervenção Social, 2016.

RIBEIRO, Djamila. *O que é lugar de fala*. Belo Horizonte: Letramento, 2017.

RICH, Adrienne. Compulsory heterosexuality and lesbian existence. *Signs*, vol. 5, n. 4, Women: Sex and Sexuality , Chicago: The University of Chicago Press, p. 631-660, summer 1980.

SCHOOYANS, Michel. *L'Évangile face au désordre Mondial.* Paris: Fayard, 1997.

SHI, Chi Chi. Defining my own oppression: Neoliberalism and the demands of victimhood. *Historical Materialism*, vol. 26, n. 2, Identity Politics, Boston: Brill, p. 271-295, 2018.

SOEIRO, José; ARAÚJO, Mafalda; FIGUEIREDO, Sofia. *Cuidar de quem cuida.* História e testemunho de um trabalho invisível. Um manifesto para o futuro. Lisboa: Objectiva, 2020.

SPIVAK, G. Chakravorty. Can the subaltern speak? *In*: NELSON, Cary; GROSSBERG, Lawrence (ed.) *Marxism and the interpretation of culture*. Londres: Macmillan, 1988.

SPIVAK, G. Chakravorty. *The Spivak Reader.* Donna Landry e Gerald MacLean (ed.) Nova Iorque: Routledge, 1996.

THE COMBAHEE RIVER COLLECTIVE. *The Combahee River Collective Statement: Black Feminist Organizing in the Seventies and Eighties*. Nova Iorque: Kitchen Table: Women of Color Press, 1977.

VOGEL, Lise. *Marxism and the Oppression of Women:* Toward a Unitary Theory. Chicago: Haymarket Books, 2014.

WITTMAN, Carl. *Refugees from Amerika: A Gay Manifesto.* Nova Iorque: Red Butterfly Publications, 1970.

Lutas identitárias e transformação social: dignidades, corpos e alianças

Bruno Sena Martins

Introdução

No romance de David Lodge (2002), *Nice Work,* acompanhamos a vida de Robyn Penrose, uma jovem professora universitária inglesa, feminista, que milita pelo reconhecimento das narrativas das mulheres no campo dos estudos literários e, em sentido mais amplo, pela valorização das mulheres num sistema universitário canonicamente patriarcal. Ao mesmo tempo que se procura impor na academia, Robyn testemunha a precariedade laboral que, nos idos anos de 1980, se ia abatendo sobre o reino Unido em consequência da liberalização econômica levada a cabo por Margareth Thatcher. Neste romance, David Lodge coloca em contraste o mundo do pós-modernismo/pós-estruturalismo, vaga intelectual marcada por recusa das grandes narrativas e pelo enfoque nas representações culturais enquanto veículos de poder, e o mundo marcado pela perda de garantias socioeconômicas em função do desmantelamento do Estado social. Nos anos 1980, o Estado social que se pôde consolidar em alguns países europeus após a Segunda Guerra Mundial, em plena era Reagan/Thatcher já dava sinais de capitulação perante os artífices do liberalismo econômico inspirado por Friedrich Hayek e Milton Friedman, economistas galardoados com o prêmio Nobel em 1974 e 1976, respectivamente.

De alguma forma, *Nice Work* combina muitos dos ingredientes que alimentam o debate, reatado de tempos em tempos, sobre a relação entre as lutas identitárias e a luta de classes em tempos de neoliberalismo. Este importante debate negligencia com frequência a importância de um diálogo entre as realidades da Europa e dos Estados Unidos com o Sul Global. Importa, por isso, que possamos pensar as lutas identitárias, o capitalismo e os legados do marxismo recusando a certa estreiteza de espaço-tempo que marca a arrogância do pensamento colonial e eurocêntrico. Trata-se de um gesto que reclama outras vozes e outros itinerários, como os que nos traz a escritora brasileira Conceição Evaristo (2002, p. 10-11), ao refletir sobre a luta ancestral das mulheres negras no seu poema "Vozes--Mulheres".

> A voz de minha mãe ecoou baixinho revolta no fundo das cozinhas alheias debaixo das trouxas roupagens sujas dos brancos pelo caminho empoeirado rumo à favela. A minha voz ainda ecoa versos *perplexos com rimas de sangue e fome.*

Parece-me central nos dias de hoje imaginarmos horizontes de resistência que reúnam as agendas anticapitalistas e as ditas lutas identitárias. A discussão sobre os encontros e desencontros é frequentemente desfigurada por três equívocos que, a meu ver, carregam o embate entre a luta de classes e as lutas identitárias de um fatalismo que dificulta os termos da conversa. O primeiro equívoco decorre de uma culpabilização das lutas identitárias pela ausência de projetos revolucionários anticapitalistas nas agendas emancipatórias do século XXI. Nesse sentido, creio importante lembrar que as propostas que no século XX defenderam uma revolução reivindicando o proletariado como sujeito universal da história soçobraram na arena econômica e geopolítica perante o capitalismo neoliberal e não para o suposto triunfo dos "identitarismos".

O segundo equívoco resulta de um olhar para as lutas sociais a partir de uma genealogia que, no seu eurocentrismo, tende a universalizar as especificidades que marcam as tensões dominantes no espaço europeu e estadunidense. As realidades e temporalidades do Sul Global estão muitas vezes fora de grande parte de debates omissos, por exemplo, ao fato de que as garantias do Estado social europeu, cuja perda o romance de Lodge narra, sequer seriam pensáveis sem a divisão Norte-Sul ou sem o cúmulo de riqueza provido por séculos de exploração colonial. Para o grosso das populações de outras regiões do mundo, que rapidamente passaram do capitalismo colonial para o capitalismo neoliberal, essas garantias nunca existiram.

O terceiro equívoco repousa na ideia de que as lutas identitárias são invenções recentes, como se o poder hegemônico que governou o mundo nos últimos séculos não estivesse associado à exaltação da única identidade que não é reconhecida como tal: o homem branco, de educação europeia, heterossexual e sem deficiência. As identidades mobilizadas para agendas insurgentes estão intimamente vinculadas às estruturas socioeconômicas que, na modernidade, definiram as hierarquias entre humanos, ferreamente essencializadas nos corpos. Este equívoco, no qual irei deter-me, alimenta-se da ficção de um capitalismo separável das antiquíssimas histórias do colonialismo, da escravatura, do racismo e do patriarcado.

Sem negar a relevância que a tensão entre as políticas de classe e as políticas identitárias coloca hoje, em diferentes lugares, para uma reconstrução de políticas de esquerda, é pouco produtivo e até perigoso laborarmos em equívocos, como os que procurei elencar, que inevitavelmente amplificam incomunicabilidades, arrogâncias e ressentimentos. O espaço político da esquerda precisa reconhecer diferentes histórias de luta para se tornar realmente antissistêmico, as diferentes histórias de lutas não podem prescindir da esquerda histórica para, em termos pragmáticos, sonharem com a conquista de maiorias antirracistas e anti-heteropatriarcais. Para tanto, é preciso entender, de diferentes perspectivas, como tais incomunicabilidades, arrogâncias e ressentimentos se têm cristalizado aos longos dos anos.

Divido este texto em três partes. Na primeira parte, "Lutas identitárias e o muro de Berlim", analiso a relação entre as lutas identitárias e as lutas de classe considerando o campo político desenhado pelo ocaso das utopias socialistas. Na segunda parte, "Dignidades, alianças e ressentimentos", procuro, a partir de diferentes gramáticas de resistência e dignidade, mapear as tensões que contribuem para a difícil construção de coalizões entre os movimentos e partidos que se opõem a uma hegemonia patriarcal, racista e capitalista. Na terceira parte, "Lutas implicadas", detenho-me nas relações históricas entre capitalismo e racismo para ilustrar que estamos perante histórias de opressão matricialmente imbricadas.

Lutas identitárias no século XXI

A partir das décadas de 1960/1970, a hegemonia do neoliberalismo na cena mundial ante a derrocada dos regimes socialistas vai coincidir com a emergência e consolidação nos países centrais do sistema-mundo de agendas de luta vinculadas à ideia de que "o pessoal é político". Nessa gesta reivindicativa, mulheres, negras/os, *gays* e pessoas com deficiência assumiram crescentemente a necessidade de denunciarem de que modo a desigualdade socioeconômica, a discriminação e a exposição à violência resultam do machismo, do racismo, do heterossexismo e do capacitismo, estruturas de poder e significado que simultaneamente demarcam diferenças e definem hierarquias. A gênese de uma profusão de movimentos reivindicativos – sociologicamente designados de "novos movimentos sociais" – reporta-nos para a dissensão que as lutas dos anos 1960 estabeleceram tanto em relação à ordem dominante como em relação às formas tradicionais de a opor. A luta política que aí efervesce passou a estar mais sensível às relações de poder presentes na vida cotidiana e ao efeito das representações culturais na incessante reprodução de uma hegemonia geradora de identidades feridas. Da importância das políticas atentas às identidades feridas, são preciosas as análises de Frantz Fanon sobre o impacto psíquico do colonialismo na autorrepresentação dos negros/as e, por consequência, sobre a necessidade de uma descolonização da mente perante a violência colonial. Isso mesmo lembra bell hooks (1995, p. 119) para se referir ao modo como o Black Power dos anos 1960 recrutou as lições das lutas anticoloniais sobre o amor-próprio:

> Ao denunciarem as múltiplas formas como a supremacia branca violentou o nosso autoconceito e a nossa autoestima, as lideranças negras que militaram na luta de libertação exigiram que nos víssemos de forma diferente como pessoas negras – o amor-próprio como uma radical agenda política. Isso significava estabelecer uma política de representação que, ao mesmo tempo, criticasse e integrasse ideais de beleza e desejo pessoais informados por padrões racistas e implementasse padrões progressivos, um sistema de valorização que acolheria uma diversidade de aparências negras.

Nas lutas sociais e na academia ganharam relevância leituras críticas das múltiplas faces da opressão que nos afetam diferentemente em função dos nossos corpos, das nossas performatividades e desejos, em função das nossas ancestralidades e biografias. Ser diferentemente afetado pela distribuição de riqueza e pelos valores culturais implica reconhecer que onde há opressão há privilégio, conceito relativo que nos desafia a entender em que medida somos beneficiários de determinadas prerrogativas sociais, não obstante o quanto nos sintamos próximos das lutas de outrem ou das agendas daquelas e daqueles que foram historicamente subalternizados. Dou o meu exemplo. Sou um homem negro (lido como pardo/ mulato), de ancestralidade guineense, cabo-verdiana e portuguesa, nascido em Portugal e criado numa família monoparental de classe baixa. É verdade que parte da minha família lutou e foi presa na luta contra o colonialismo português, que ao longo da minha vida senti na pele a violência do racismo (de forma crua ou condescendente) bem como a precariedade financeira numa casa que, durante muito tempo, se sustentou com o ordenado mínimo da minha mãe. No entanto, tenho consciência de que me beneficiei de vários elementos de privilégio relativo: por ser homem, cresci praticamente dispensado de tarefas domésticas, tempo que pude dedicar ao lazer e aos livros (acredito que teria sido diferente se fosse uma filha e não um filho); por viver no centro da cidade de

Coimbra, nunca enfrentei os desafios de viver na periferia e frequentei o ensino médio numa das mais reputadas escolas públicas do país; por ser heterossexual e cisgênero nunca me confrontei com as violências e angústias trazidas pela homofobia ou transfobia; por viver em Portugal, um país europeu com um relativo Estado social garantista, pude ter acesso a um ensino público de qualidade, a bolsas de estudo e a cuidados de saúde gratuitos.

Com esta reflexão pessoal remeto para uma gramática ampla das distinções histórica, cultural e politicamente definidas, por meio das quais as condições de existência e as diferenças no valor da vida ganham corpo. É isso mesmo que nos diz Judith Butler (2004, p. 2): "O humano é entendido diferentemente dependendo da sua raça, a legibilidade da sua raça, do seu sexo, a verificabilidade preceptiva desse sexo, da sua etnicidade, a compreensão categorial dessa entidade."

A hierarquia na definição do humano articula-se à ideia de que há sujeitos e grupos lutando pelo direito a serem vistos como humanos. Diferentes classificações sobre o ser de cada qual criam exclusão e hierarquia em todas as sociedades e sustentam as assimetrias vigentes em âmbito planetário:

> As vidas são defendidas e mantidas diferencialmente, e existem formas radicalmente diferentes através das quais a vulnerabilidade é distribuída através do globo. Algumas vidas serão bastante protegidas, e a revogação das suas alegações à santidade será suficiente para mobilizar as forças da guerra. Outras vidas não encontrarão uma defesa tão rápida e furiosa e nem sequer se qualificarão como vidas 'passíveis de luto'. (Butler, 2004a, p. 32)

Nesse sentido, é importante desprovincializarmos a narração da modernidade eurocêntrica, como diz Dipesh Chakrabarty (2000), fazendo viajar *habitats* e histórias de resistência que são pouco conhecidas: porque nascidas em lugares distantes, ou porque não cabíveis em narrativas de progresso pré-concebidas, naquilo que Boaventura de Sousa Santos (2018) chama de "monocultura do tempo linear". De modo a aprendermos com as lutas intersticiais, as resistências cotidianas que frequentemente conjugam a utopia com a arte do possível, devemos aproximar-nos daquilo que Boaventura de Sousa Santos chama uma "sociologia das ausências e das emergências" em relação às lutas longínquas ou desconsideradas como particulares, de modo a ressignificarmos avaliações apressadas e arrogantes sobre a validade das resistências.

A maioria dos habitantes do Norte Global se beneficia, direta ou indiretamente, das condições de vida constituídas no seio de uma desigualdade planetária instaurada por processos coloniais e imperiais que ainda definiram os termos da exploração neoliberal à escala global. Mas mesmo nesse mundo de privilégio relativo devemos considerar as linhas de desigualdade interna que estabelecem "Terceiros Mundos interiores".

Ao mesmo tempo que me parece crucial reconhecermos o privilégio, conceito incorrigivelmente relativo, também creio que o excessivo enfoque na denúncia do privilégio individual, enquanto discurso político de resistência, merece, a meu ver, uma ressalva. Em primeiro lugar, há o perigo de se colocar no primeiro plano leituras individualizantes centradas em percursos pessoais e atitudes morais, próximos de uma linguagem judaico-cristã sobre a culpa, arriscando perder de vista a natureza estrutural das assimetrias de poder e das relações de exploração. Neste particular, são inspiradoras as palavras de líderes anticoloniais, como Amílcar Cabral, que liderou a luta pela independência da Guiné-Bissau e Cabo Verde contra a ocupação colonial portuguesa. Cabral referiu vezes sem conta uma distinção fundamental: "Nós nunca confundimos o 'colonialismo português' com o 'povo português'. A nossa luta é contra o colonialismo português." Tratava-se de identificar, antes de mais, as condições sistêmicas da opressão.

Em segundo lugar, o excessivo enfoque no discurso do privilégio, enquanto acusação individualizada, na ausência de uma pedagogia mais alargada, pode ser contraproducente na persuasão dos elementos dos grupos sociais favorecidos sobre a necessidade de se confrontarem, revertendo, injustiças estruturais. Estamos perante as lógicas defensivas dos sujeitos que, por exemplo, apressam-se a afirmar que não são racistas em vez de reconhecerem que são parte de uma sociedade eminentemente racista e que, portanto, a única forma de não ser racista é ser ativamente antirracista (cf. Ribeiro, 2019; Diangelo, 2020).

Além disso, pode criar um imenso espaço de recrutamento para as contravagas reacionárias que, engenhosamente, têm edificado a narrativa de uma maioria oprimida contra um putativo justicialismo identitário. Também aqui recolhemos as lições da luta de libertação liderada por Amílcar Cabral. Um dos objetivos da Rádio Libertação, que difundia para o território da Guiné-Bissau, em que se notabilizou Amélia Araújo, era exatamente o de denunciar a injustiça do sistema colonial junto dos soldados portugueses. A ideia era convencê-los de que estavam a ser instrumentalizados pelo regime colonial e que, nesse caso, mais sábio seria que desertassem.

A linguagem que analisa a relação entre opressão e privilégio permanece importante para percebermos que há um importante caminho a fazer na desconstrução dos preconceitos e desigualdades de que somos beneficiários, no enfrentamento das leituras ingênuas crentes nos mitos meritocráticos e na igualdade consumada de todos os seres humanos, e no autoconhecimento que permita questionar as práticas em que somos agentes de violências e opressões.

Identificar e analisar as estruturas de poder que definem as condições de possibilidade de cada qual parece-me ser uma das aproximações mais produtivas à "interseccionalidade", termo cunhado há mais de trinta anos por Kimberlé Crenshaw. A autora mobilizou o conceito para defender que o lugar das mulheres negras perante o sistema de justiça estadunidense não podia ser compreendido nem a partir da situação das mulheres que são brancas, nem a partir dos negros que são homens. Desde então o termo tem sido apropriado para referir as lógicas de poder que se cumulam e intersectam em lutas particulares. No entanto, como a autora confessou, alguns usos correntes da interseccionalidade são problemáticos por levarem a uma paralisia política, mais precisamente nos casos em que esta corresponde à celebração de uma complexidade na constituição de identidades que tornaria impossível qualquer veleidade de mobilização coletiva.

Ao mesmo tempo que importa recusar a interseccionalidade como a "teoria geral de tudo", assumindo que a política é a assunção de opções e a definição de prioridades em contextos e lutas concretas, cabe reconhecer como a efervescência política das identidades tem criado descrições de existência, novas possibilidades de ser além dos espaços político-identitários herdados. Um exemplo disso mesmo é o "mais" que hoje se apõe ao acrônimo LGBT+, um claro sintoma de como a recusa dos poderosos dualismos de gênero e sexualidade (recusa bem explanada na teoria *queer)* carrega uma ambição radical, catalisadora de novos manifestos e possibilidades de existência.

A celebração acrítica dos mundos de sentido trazidos pelas políticas identitárias seria ingênua se não reconhecêssemos que elas se solidificaram nos escombros das grandes narrativas políticas que, no século XX, assentaram no marxismo para confrontarem o capitalismo e a desigualdade de classes. Também deve ser dito que, em determinados contextos, algumas lutas identitárias hoje se sentem porventura demasiado confortáveis na celebração de agendas emancipatórias inteiramente compatíveis com o individualismo neoliberal reinante. Na verdade, o triunfo político-cultural das democracias liberais ocidentais sobre o modelo de sociedade proposto pelo Bloco de Leste representou também a instauração de uma cultura individualista e consumista que se liga à perda de influência de agendas coletivas de larga escala, incluindo as de classe.

E se é verdade que hoje assistimos a desencontros entre as políticas identitárias e as lutas de classe que não devem ser minimizados, é manifestamente equivocado supor que a presente fragilidade da luta anticapitalista resultou do levante dos "identitarismos" como se houvesse uma relação de soma zero, ou como se o triunfo do individualismo fosse a consequência direta da legitimação das políticas identitárias. O que se passa é que a queda do muro de Berlim deslegitimou as grandes narrativas de luta social, materializando o descrédito e a implausibilidade de um horizonte socialista e de um modelo único de alternativa – mas não só. A queda do muro de Berlim hipotecou, por muito tempo, não apenas o projeto socialista assente na luta de classes, mas semeou uma desconfiança, ainda viva, em relação a alternativas radicais de esquerda ao modelo de sociedade representado pelas democracias liberais. Pelo fato de o Muro de Berlim ter sido construído em nome de um mundo radicalmente mais justo, cativando a imaginação revolucionária de um tempo, acredito que a sua derrocada ainda rouba horizontes de esperança a quem hoje queira imaginar alternativas radicais, quaisquer que sejam, para um mundo radicalmente mais justo. Uma vez decretada como fatal a coexistência de capitalismo e democracia, dentro das democracias liberais, a democracia está condenada a ser devorada pela incessante acumulação capitalista, convertendo-se no que Boaventura de Sousa Santos (2006) chama de "democracia de baixa intensidade". Acredito que as lutas identitárias se inscreveram e se consolidaram num espaço de democracias de baixa intensidade, mas que essa baixa intensidade não lhes pode ser imputada como se fossem uma distração da luta anticapitalista. De modo simples, acredito que as lutas identitárias nascem e crescem num tempo em que, até ver, as alternativas radicais de transformação social foram extraviadas pela vitória econômica e geopolítica da hegemonia neoliberal.

Uma reflexão sobre o lugar das identidades nas políticas contemporâneas é ainda mais candente no momento em que assistimos ao modo hábil como a extrema-direita vem alavancando o seu crescimento na fácil caricatura das políticas identitárias, tidas como puritanas, defensoras do politicamente correto e cerceadoras da liberdade de expressão (cf. Traverso, 2019). Além do difícil desafio de construir agendas de transformação social de compleição antissistêmica, assistimos hoje a um crescimento concertado da extrema-direita em vários lugares do mundo. Este crescimento tem explorado o fato de a acumulação neoliberal criar hoje, em significativas parcelas da população, um cenário de expectativas socioeconômicas decrescentes. Um tal quadro favorece populismos antissistema, tão mais eficazes na medida em que, mantendo o extrativismo capitalista a salvo, mobilizem preconceitos para criar bodes expiatórios: os imigrantes, o multiculturalismo, o Estado social, a corrupção na política etc. O crescimento concertado da extrema-direita no mundo tem parasitado um cenário de expectativas socioeconômicas decrescentes em significativas parcelas da população. Um tal quadro favorece populismos antissistema, tão mais eficazes na medida em que, omissos ao papel do capitalismo neoliberal, mobilizem preconceitos para criar bodes expiatórios: negros/as, população LGBT+, ecologistas, o Estado Social, a corrupção etc. Estamos perante uma narrativa de despossessão e alienação branca que se engaja nas políticas da memória propondo reverter o cenário de incertezas, alegadamente imposto a uma "maioria branca oprimida", por meio de nacionalismos raciais e saudosistas.

Em articulação com o populismo economicista, emerge um outro, centrado nos costumes, que vê os grupos minoritários e as conquistas das lutas identitárias como fator de incerteza, de desagregação social e de perda de referências (referências mitificadas à luz de diferentes nacionalismos saudosistas). É neste sentido que se tem sinalizado o perigo das "ideologias de gênero" e aventado o fantasma do "racismo reverso". Num clima em que muitos dos ditos privilegiados se sentem cada vez mais acossados pelo cenário econômico, o alarme social em relação aos supostos abusos das agendas minoritárias cumpre um duplo efeito: oferece um passado de garantias ao qual caberia regressar, e reitera uma superioridade – patriarcal, homofóbica, racista, capacitista e nacionalista – que consola a autoestima daqueles/as que, mesmo que de classe baixa, gostam de se imaginar como maioria.

Dignidades, alianças e ressentimentos

Quando analisamos a história política da esquerda em termos amplos, falo particularmente na Europa, América do Norte e América Latina, é lícito dizer que é tardio e residual o reconhecimento das lutas de indígenas, afrodescendentes, ciganos, imigrantes, pessoas com deficiência, LGBT+ ou mulheres. Para determinada cosmovisão política, ainda dominante em muitos partidos e movimentos de esquerda, a dignidade dos grupos minoritários, quando reconhecida, seria o resultado de uma transformação social ampla que, ao suprir as desigualdades socioeconômicas, melhoraria a condição daqueles e daquelas em que cumulam destituição econômica com identidades desqualificadas. Tem sido particularmente pernicioso nas esquerdas o modo como um *status quo* racista e patriarcal, que permeia as nossas sociedades, favorecendo causas representadas por homens, brancos, sem deficiência, e heterossexuais, se junta a um ideário político que define a luta de classes como primordial e mais importante do que as demais. Não resta dúvida que a despossessão socioeconômica é transversalmente crucial para operar aquilo a que Bernadette Atuahene (2014) chama "expropriações de dignidade", processos de destituição que têm uma dimensão material e uma dimensão simbólica. Mas as "restaurações de dignidade" merecedoras de luta têm de ser definidas, em cada momento, por aqueles/as que foram expropriados/as, individual ou coletivamente, desde logo tendo em conta o modo como definem os termos da sua dignidade humana. Falamos de processos históricos que se prendem com dimensões subjetivas, com gramáticas de existência e de luta que dificilmente são compreendidas por narrativas universalizantes de emancipação social. Um bom exemplo disso é a luta dos povos indígenas e das comunidades quilombolas na América Latina nas últimas décadas. A demarcação de terras reivindicada por estas populações perante as estruturas do Estado representa o vínculo a uma história de resistência ao colonialismo europeu, uma relação espiritual e mitológica com territórios habitados por divindades e pelas memórias dos ancestrais, uma permeabilidade simbólica e vivencial entre o humano e o natural e, finalmente, uma concepção da democracia como justiça histórica. Estes elementos vão muito além daquilo que à luz das narrativas eurocêntricas seriam meros processos de distribuição de propriedade da terra de modo a garantir áreas de cultivo e autossustento.

Uma sensibilidade aos termos particulares com que cada qual constitui a sua dignidade implica a humildade de não definir a luta mais urgente ou prioritária em nome de outrem. Como dizia há muito o antropólogo Clifford Geertz (1978) em *A interpretação das culturas*, não podemos viver a vida dos outros e, na convicção de que os seres humanos são tão diversos como aquilo em que acreditam, importa aceder às respostas que outros deram guardando outras ovelhas noutros pastos, noutros vales. Forçados que somos a postular a impossibilidade de vivermos as vidas de outras pessoas, tudo o que nos resta – e não é pouco – é ouvir o que, em palavras, em imagens e em ações, as pessoas dizem acerca das suas vidas. Como pesquisador passei muito tempo da minha vida a pesquisar as realidades e as experiências das pessoas cegas, em diferentes contextos. Para uma pessoa cega, pode ser tão violentador da sua dignidade pessoal o desemprego e a falta de recursos financeiros, como as cenas da vida cotidiana que constituem reiteradas humilhações: ouvir "coitado do ceguinho" quando ousa usar a bengala para caminhar autonomamente nas ruas da cidade, ter de interromper o caminho para o emprego porque os transeuntes param para acariciar o cão-guia, ter de explicar em cada restaurante que o cão-guia não está impedido de entrar à luz da exceção prevista na lei. Querer definir qual é a luta mais relevante para a dignidade de outrem, mesmo considerando que a desigualdade econômica instaura e agrava muitas violações de dignidade, é frequentemente expressão de uma arrogância incompatível com o respeito pela autodeterminação das resistências.

Não podemos negar que os sensos comuns instaurados pelos grupos dominantes criam frequentemente formas de "falsa consciência" ou processos de cooptação. É o que acontece, por exemplo, quando o discurso da meritocracia é apregoado pelos membros de minorias que vingaram singrar numa sociedade desigual, aqueles/as que Erving Goffman (2008) chama, ironicamente, de "heróis da adaptação".

Nesse sentido, a autodeterminação liga-se a construções de resistência passíveis de politizar, coletivizando experiências individuais de discriminação e violência. A epistemologia feminista foi crucial para romper com a ideia de que o saber se produz no éter. Segundo Donna Haraway (1988), importa romper com a ficção de um conhecimento da realidade produzido a partir de uma perspectiva vinda de nenhures, o "olhar de Deus".

Escrevendo a partir de uma perspectiva feminista, a autora defende que a neutralidade dessa visão é uma falsa neutralidade alojada numa referência masculina, contrastando-se o modo como as visões conquistadoras são formadas a partir das posições não marcadas do corpo de um sujeito branco e homem. Mas o que Haraway defende não é a democratização de uma tal autoridade desvinculada das condições particulares de cada qual. Ao contrário, a autora propõe uma "doutrina de objetividade incorporada" que reconheça o caráter inerentemente situado de todo o conhecimento. A apologia de uma objetividade incorporada sustenta um conhecimento situado que rompa com a legitimidade de visões que se arroguem absolutas e universais. O conhecimento de uma pessoa cega, transexual ou negra numa realidade social marcada pelo capacitismo, pela transfobia ou pelo racismo é profundamente ancorado ao fato de ser entendida como diferente, estranha, inferior, inspiradora de compaixão ou de temor. Aproximamo-nos da ideia fomentada, nomeadamente pelas teorias feministas e pós-coloniais, de que a política e o conhecimento não são separáveis dos lugares/espaços de enunciação – ou do lugar de fala, como refere Djamila Ribeiro (2017) no seu livro. Nessa perspectiva, a memória biográfica, o conhecimento incorporado e o sofrimento encarnado são elementos legitimamente constitutivos das aspirações de dignidade e das agendas emancipatórias que se propõem a reinventar a realidade social. Se é verdade que a sujeição à opressão como experiência vivida e o sofrimento não podem constituir-se, automaticamente, como princípios de inabalável autoridade, a democratização das nossas sociedades passa crucialmente por um maior reconhecimento da autoridade das vozes, longamente deslegitimadas, de quem conheceu, como sofrimento vivido, a "epopeia" da modernidade. Falamos de negros/as, indígenas, LGBT+, pessoas com deficiência ou com transtornos mentais.

Por vezes, o reconhecimento da valia do lugar de enunciação para a definição de políticas implicadas levanta questões sobre a possível reprodução de essencialismos por parte dos grupos marginalizados. Gayatri Chakravorty Spivak (1985), reputada autora indiana em estudos pós-coloniais, cunhou o conceito de "essencialismo estratégico", para se referir a agendas políticas em que os grupos minoritários se mobilizam com base em identidades partilhadas, frequentemente definidas pela gramática dos "antigos senhores", para lutarem e se autorrepresentarem. Nesse sentido, as mulheres assumem-se como os corpos-manifesto da luta feminista, as pessoas negras da luta antirracista, as pessoas com deficiência da luta anticapacitista etc. O clamor que respalda aquilo que Spivak chamou essencialismo estratégico vai além do mote que animou a politização das pessoas com deficiência no século passado: "nada sobre nós sem nós". Neste mote está a ideia de que as políticas dirigidas às pessoas com deficiência não poderiam continuar a ser determinadas de cima para baixo por instâncias estatais ou por organizações de reabilitação em que as pessoas com deficiência não tivessem voz. O essencialismo estratégico define como tático e crucial o protagonismo dos sujeitos implicados pelas políticas que lhes dizem respeito, mas vai além ao considerar que determinados momentos e espaços de luta deverão ser reservados à intervenção de sujeitos diretamente expostos às formas de violência e discriminação em causa.

Esta reserva prende-se, por um lado, à importância simbólica de conferir visibilidade pública a corpos e subjetividades longamente desconsiderados, sublinhando a transformação social como produto de resistências subjetivamente implicadas e não de concessões beneméritas dos grupos dominantes. Em contrapartida, é uma forma de confrontar o espectro de agendas de luta instrumentalizadas, incorporadas em plano secundário ou recobertas por um manto de missão salvífica quando articuladas por companheiros/as de luta movidos/as por princípios de solidariedade política.

O excessivo fechamento de determinadas lutas identitárias tem sido apontado como uma das causas centrais de uma fragmentação política que rouba horizonte à constituição de lutas antissistémicas no presente. Em causa estaria o fato de as lutas identitárias caírem frequentemente num "essencialismo não estratégico", no sentido em que seria contraproducente para os objetivos da luta (não estratégico), ou no sentido em que seria uma cristalização perpetuadora das categorias do opressor (essencialista). Identifico as quatro críticas mais correntes ao fechamento das lutas identitárias.

Em primeiro lugar, critica-se o fato de a experiência incorporada e as histórias pessoais de sofrimento se constituírem como princípio único de autoridade para a articulação de determinadas causas políticas, alienando a importância de alianças necessárias a maiorias sociais antirracistas, antipatriarcais, anticapacitistas e anticapitalistas. Afinal, "até que ponto um homem pode falar de violência contra as mulheres"; "até que ponto uma pessoa cis pode ser um ativista pela causa trans"; "até que ponto uma mulher branca pode falar de feminismo em nome das mulheres negras"? A própria Spivak viria a distanciar-se do essencialismo estratégico por considerar que este conceito, mais de que defender a existência de momentos em que as categorias do opressor devem ser estrategicamente mobilizadas em identidades combativas, estaria sendo usado como uma licença para um essencialismo que se perpetuava. De forma breve, Spivak denunciava como se celebrou o essencialismo e se esqueceu o estratégico.

No mesmo sentido, Spivak (1993) afirmava ser perigoso distorcer a expressão "o pessoal é político" para dizer que "apenas o pessoal é político", asserção por si recusada. Para ela, é fundamental que os grupos subalternos jamais percam de vista o modo como a sua subjetividade essencializada foi e ainda é constrangida pelos discursos que os constituem como subalternos; sem esta noção, o essencialismo estratégico seria a mera subjugação à linguagem dominante.

Em segundo lugar, critica-se o fato de algumas lutas identitárias perderem de vista a desigualdade socioeconômica por se entrincheirarem em contendas que não poderão ser realmente vencidas se desconsiderado o caráter estrutural de um sistema capitalista predador da desigualdade. *Em terceiro lugar*, criticam-se as formações identitárias que se centram na singularidade da experiência individual e subjetiva em termos que pulverizam a possibilidade de coletivização de agendas políticas.

Em quarto lugar, critica-se uma vigilância da linguagem e um vanguardismo crítico sobre as representações culturais que tanto criam lógicas de policiamento sobre as manifestações de preconceito veiculadas pelo senso comum como alienam as massas não ilustradas pelas vanguardas vindas das academias.

Consideradas contextualmente, estas leituras críticas são importantes para reflexão num cenário em que fica óbvio como as divisões entre os grupos oprimidos beneficiam a ordem dominante. No entanto, creio que essas críticas urdidas, quase sempre, de forma benevolente, por vozes pertencentes a grupos sociais favorecidos e às esquerdas institucionalizadas, não tomam em devida consideração a violência naturalizada que segue ferindo corpos e biografias particulares, nem o peso de legítimos ressentimentos da parte dos grupos subalternizados. Falo de ressentimento, primeiro, em relação a histórias políticas de resistência marcadas pela secundarização das ditas agendas identitárias e dos/as protagonistas que as corporizam. Em segundo lugar, de ressentimento em relação a um espaço democrático no qual os partidos políticos de esquerda – peça central do jogo democrático – refletem, ainda, uma genealogia em que a luta de classes é brandida como primordial e, não raro, como a única que realmente interessa. Em terceiro lugar, um ressentimento face à memória da injustiça e da violência – longamente inscrita nos corpos e nas histórias de resistência – que deverá ser considerado para que se edifique a necessidade de alternativas ao modo como a modernidade produziu categorias de humano e sub-humano.

A luta pela sobrevivência da memória não é separável da luta dos sobreviventes que, no presente, inventam gramáticas de dignidade e reconhecimento. Sejamos privilegiados ou marginalizados pelos nossos corpos, e pelo modo como eles são objetificados nos diferentes lugares do mundo, pelas nossas biografias e lugares de existência, acredito que as posições políticas deverão ser definidas pela abertura para, partindo das nossas visões parciais, humildemente aprendermos com inúmeras histórias de coragem e resistência daqueles/as que nunca aceitaram ser tratados como menos humanos.

Lutas entrelaçadas

Como dizia no início do texto, muitas das condições de violência e discriminação que marcam a realidade contemporânea são o produto da articulação combinada de diferentes estruturas de opressão. Bastará lembrar o célebre trabalho de Eric Williams, *Capitalism & Slavery* (2014), em que o autor mostra como o capital acumulado pela exploração escravocrata foi essencial para o financiamento da revolução industrial na Inglaterra e, por consequência, para a implantação do capitalismo industrial que se estabeleceu pelo mundo nos últimos séculos. Hoje não é possível pensar o brilho dos lugares emblemáticos do capitalismo global – pensemos em Wall Street ou a City de Londres – sem o trabalho invisível das mulheres que fazem a limpeza, muitas delas negras e/ou com histórias de migração. Do mesmo modo, devemos considerar como o trabalho não remunerado das mulheres é essencial à estrutura capitalista, como nos mostra, por exemplo, Silvia Federici (2017) ou Françoise Vergès (2020).

Pensando no caráter imbricado das histórias que determinam as estruturas de dominação, nesta seção detenho-me em particular na relação entre capitalismo e racismo. Não só as diferentes formas de opressão se alimentam recursivamente nos sucessivos presentes, como, num sentido mais geral, a cisão entre lutas anticapitalistas e lutas identitárias deveria causar perplexidade. A força que o racismo antinegro tem hoje no mundo vincula-se a uma história econômica, cultural e política. Quando questionamos a razão de a pele branca deter um valor simbólico superior à da pele negra, estamos porventura a colocar a questão errada. A questão deveria ser: por que reparamos tão aparatosamente na diferença entre a pele negra e a pele branca? A resposta liga-se a uma história de colonização europeia que estabeleceu, como uma das chaves centrais da extração das riquezas de outros lugares do mundo, a exploração e desumanização dos corpos negros. Isto mesmo nos mostra Francisco Bethencourt (2015) quando, esmiuçando as representações do humano na Europa desde o período medieval, liga a implantação global de um racismo antinegro em escala global à exploração ultramarina dos povos ibéricos a partir do século XV, ao tráfico de escravizados/as vindos/as da África e ao colonialismo de ocupação dos séculos XIX e XX. Na verdade, a presente centralidade da cor da pele como princípio de hierarquia confunde-se com a história da constituição do sistema-mundo moderno.

Com efeito, a exploração oceânica dos povos ibéricos, iniciada já no século XV nas incursões de Portugal no Norte de África, viria a exercer o seu indelével impacto no mundo a partir de 1492 com a chegada de Cristóvão Colombo às Américas. Iniciou-se aí a colonização ultramarina pelos povos europeus por meio da qual se definiram muitas das assimetrias do mundo globalizado em que vivemos hoje, um processo que em poucos séculos mudou a face do "Novo Mundo", instaurando uma realidade social profundamente marcada pela violência colonial e racista. Até 1866, 12,5 milhões de africanos e africanas terão sido transportados para o continente americano no comércio transatlântico de escravizados.[1] Destes, apenas 10,7 milhões chegaram a ser desembarcados – as condições da viagem eram de tal modo cruéis que a taxa de mortalidade na travessia atingiu os 15%. Dos 10,7 milhões desembarcados nas Américas, 5 milhões aportaram no Brasil, um número sumamente elevado que se explica quer pelo contrabando de escravizados para outros países de colonização espanhola, quer, sobretudo, pelo fato de a alta mortalidade nas plantações de cana-de-açúcar no Brasil ter impedido a reprodução natural, suscitando uma incessante demanda de escravizados/as de modo a manter a força de trabalho. Neste sentido, considerando o impacto da mortalidade do tráfico transatlântico e das infames condições de trabalho, devemos considerar que muitos homens e mulheres hoje se percebem afrodescendentes não somente pelo reconhecimento e reivindicação de uma ancestralidade-herança inscrita nos seus corpos negros e nos seus referentes culturais, mas também como forma de se celebrarem como descendentes continuadores das lutas daqueles e daquelas que sequer puderam legar descendentes. Ser afrodescendente nesta leitura é ser mobilizador da memória dos presentes e dos ausentes, é invocar toda uma comunidade simbólica de ancestrais – incorporados ora pelo sangue legado ora pelo sangue derramado – reunidos num parentesco instaurado pelo imperativo da luta contemporânea contra o racismo e pela inscrição da violência colonial na memória pública.

Não obstante as independências iniciadas no fim do século XVIII, as realidades nacionais dos países que delas emergiram seguiram sendo marcadas pelas hierarquias raciais e religiosas, e pelas linhas de exclusão que foram definidas no longo tempo colonial que, em certo sentido, nunca terminaram. Tal sucedeu,

---

[1] Os números referentes ao tráfico transatlântico podem ser encontrados no Banco de Dados do Tráfico de Escravos Transatlântico (Slave Voyages).

em primeiro lugar, porque, com a exceção do Haiti, todas as independências nas Américas conferiram poder aos descendentes dos colonizadores e às lógicas culturais por aqueles impostas. Em segundo lugar, porque o capitalismo industrial e a pretensão monocultural da ciência moderna – aquilo a que muitos autores latino-americanos têm chamado "segunda modernidade", por exemplo Mignolo (2000) – conferiram renovada sustentação às formas de exploração e aniquilamento de saberes inaugurados pela senda colonial da "primeira modernidade".

Durante muito tempo, o destino dos povos indígenas e dos afrodescendentes foi sendo prefigurado como um inevitável apagamento e subordinação ante a marcha do neoliberalismo e do paradigma cultural da modernidade ocidental. Perante um quadro de aniquilação e perda que largamente compõe aquilo que Ann Laura Stoler (2008) designou como "ruínas do império", o fato é que os afrodescendentes e os povos indígenas têm promovido um ressurgimento identitário, político, cultural e social, num processo em que a resiliência cultural engendra o respigar de narrativas e tradições, o engendrar de estratégias adaptativas e a recriação de sentidos sobre as diferentes formas de ser. As recentes conquistas dos povos indígenas e dos afrodescendentes com as demarcações de territórios e afirmação de Estados plurinacionais, após séculos de exclusão e silenciamento, revelam uma história de luta que reúne resistência anticolonial, antirracista e anticapitalista. Longe de poderem ser reduzidas a resistências de setores, como a denúncia dos "identitarismos" muitas vezes faz supor, estamos perante levantes que se ligam à formação das hierarquias do mundo moderno em que vivemos, representando uma expressão óbvia de como estruturas de opressão estão entrelaçadas e coimplicadas. Como nos diz Davi Kopenawa, ativista e xamã Yanomami, no livro *A queda do céu*, importa confrontar um pensamento cheio de esquecimento que naturaliza os descobrimentos europeus e ancora o futuro às ideias de progresso e desenvolvimento urdidas no Ocidente:

> Contam os brancos que um português disse ter descoberto o Brasil há muito tempo. Pensam mesmo, até hoje, que foi ele o primeiro a ver nossa terra. Mas esse é um pensamento cheio de esquecimento! Omama nos criou, com o céu e a floresta, lá onde nossos ancestrais têm vivido desde sempre. Nossas palavras estão presentes nesta terra desde o primeiro tempo, do mesmo modo que as montanhas onde moram os xapiri. (Kopenawa, 2015, p. 82)

Só numa leitura eurocêntrica, esquecida da violência colonial que constitui as sociedades do presente, é possível conceber a luta antirracista como uma distração da luta anticapitalista. Nas sociedades cujas representações do passado repousam numa matriz eurocêntrica encontramos, reiteradamente, como traço característico, uma profunda omissão da violência colonial que forjou o sistema-mundo moderno encetado pela expansão colonial europeia. Falamos de uma violência que, além de se expressar em genocídios, conversões forçadas, apagamento de identidades pessoais e coletivas, desaparecimento de línguas e culturas ancestrais, de guerras e processos de escravização, sempre se articulou com a violência racial tutelando as mais elementares relações no cotidiano, criando mundos em que, como dizia Frantz Fanon, o sujeito colonial tinha de aprender, antes de tudo, a ficar no seu lugar, a não ultrapassar os seus limites. Esta leitura é inteiramente válida para um país como Portugal, que há muito procura apagar o seu passado profundamente imbricado com a violência colonial. Na verdade, em Portugal existe em relação à violência colonial aquilo que tenho chamado de "memória abissal" (Martins, 2015), uma desmemória organizada por políticas do esquecimento dentro das especificidades de um mito lusotropicalista que no Brasil assumiu a forma de uma mítica democracia racial, como bem denunciaram desde cedo, entre outros/as, Lélia Gonzalez ou Abdias Nascimento.

Portugal, longe de estar isolado no vínculo a uma desmemória aprendida, partilha com muitos outros ex-impérios coloniais europeus uma descolonização por cumprir, aquela que resultaria do pleno reconhecimento da senda colonial como parte central da experiência da modernidade ocidental. Essa leitura permanece dominante, também, em muitos países, outrora colônias, do Sul Global, cujas elites políticas e formas dominantes de resistência subscrevem as narrativas eurocêntricas da modernidade sem confrontarem como o nexo colonial-racista define ainda, no presente, as lógicas de desigualdade, discriminação e violência.

Em diferentes lugares do mundo, as lutas antirracistas têm-se erguido contra as estruturas que desproporcionalmente expõem as populações racializadas à pobreza, aos desastres ecológicos, à violência armada, à brutalidade policial, ao encarceramento em massa, à violência sexual, e às barreiras no acesso ao emprego, à educação e à saúde. As populações racializadas enfrentam ainda as humilhações cotidianas de que nos fala Grada Kilomba (2019, p. 239):

> O racismo cotidiano não é um episódio violento na biografia de um indivíduo, como geralmente se pensa – algo que 'pode ter acontecido uma ou duas vezes' –, mas uma acumulação de episódios violentos que demonstram, ao mesmo tempo, um padrão histórico de abusos raciais onde se contam os horrores da violência racista, e também as memórias coletivas do trauma colonial.

Uma parte importante da luta antirracista implica convocar as experiências individuais de racismo cotidiano para um diálogo com o que Kilomba aqui designa como "memórias coletivas do trauma colonial". Os recentes protestos "Vidas Negras Importam" [Black Lives Matter], que irradiaram pelo mundo a partir do assassinato de George Floyd, constituem um levante antirracista marcadamente transnacional cujo impacto só poderá ser devidamente aferido com um olhar retrospectivo que retire o devido partido da vantagem do tempo. Sendo sempre importante considerar como diferentes contextos nacionais são decisivos – sejam os quadros políticos, socioeconômicos e demográficos, sejam as histórias situadas de resistência – para aferir o potencial transformativo de uma agenda antirracista, será lícito supor que os protestos de 2020 se inscrevem de forma decisiva na genealogia das lutas antirracistas que percorreram a modernidade.

Nestes protestos, quero destacar, primeiro, o modo como a agenda antirracista ganhou inédito destaque no espaço público, fato bem refletido na extensa cobertura midiática e na inédita inscrição da agenda racista na política *mainstream*. Em segundo lugar, destaco o fato de os protestos terem convocado novos sujeitos políticos para a luta antirracista. Falamos, por um lado, da população não branca que encontrou nos protestos e no ativismo do BLM um espaço de inscrição de experiências de racismo (pessoais e familiares) que até então permaneciam como parte de uma memória privada. Falamos, por outro lado, da população branca que significativamente se juntou aos protestos por simpatia com a causa ou por assunção da responsabilidade conferida pelo lugar de privilégio. Neste último caso, os/as manifestantes brancos/as ter-se-ão reconhecido como "sujeitos implicados" (2019), ou seja, como beneficiários de regimes de violência racista, mesmo que não participem deles como perpetradores ativos ou deliberados.

Um dos aspectos mais salientes da onda de protestos encetados em 2020 é o modo como eles conferiram inédita visibilidade a um debate público sobre a insustentabilidade de uma memória eurocêntrica ser omissa à violência colonial e reverente aos símbolos da expansão europeia. Na verdade, os protestos mais não fizeram do que dar visibilidade e fôlego para a consumação das reivindicações que há muito fermentavam como trabalho de contramemória do ativismo antirracista a bem do reconhecimento público de histórias silenciadas e em busca de processos de reparação histórica. Os protestos que levaram à retirada ou à danificação das estátuas de Robert Lee, Cecil Rhodes, Edward Colston, Cristóvão Colombo ou de Leopoldo II constituem alguns dos exemplos mais célebres do confronto com a placidez das memorializações do colonialismo e da escravatura. No entanto, as políticas antirracistas da memória há muito que estão envolvidas em toda uma sorte de processos de reparação: edificação de memoriais da escravatura; construção de museus e produção de exposições museológicas que representem as experiências dos/

as colonizados/as; pedidos de perdão por parte de líderes políticos e religiosos; reconhecimento legal da experiência colonial pelas nações europeias; reparações econômicas de instituições que se beneficiaram dos proventos da escravatura; inscrição nos currículos de histórias subalternizadas e de autores/as não brancos/as; retirada de estátuas, de toponímias ou de símbolos que homenageiam personalidades envolvidas na escravidão e/ou na defesa da supremacia branca etc.

O desafio de superar uma memória pública constituída sobre os termos dominantes da modernidade eurocêntrica é duplo. Por um lado, implica que consideremos como constitutivos da realidade material, simbólica e política a que hegemonicamente se designa "Ocidente" toda uma sorte de histórias e instituições que tomaram lugar fora das fronteiras que hoje definem a geografia europeia. Aqui o desafio não é apenas o de reconhecer realidades sociais e históricas que têm sido silenciadas, mas o de convocar, traduzindo, mundividências que permanecem ininteligíveis dentro dos modos estreitos de representar uma alteridade subalternizada, conforme as exigências cognitivas e materiais de uma ideia de Europa e do seu projeto colonial. Em segundo lugar, implica recusar a arrogância celebratória que vê na Europa o berço de uma civilização de vocação libertadora e universalista, denunciando a insustentabilidade de uma linhagem que consagra, como preciosos e singulares legados europeus, o renascimento iluminista, a democracia e os direitos humanos. Uma tal recusa implica, também, a recusa das narrativas universalizantes, forjadas numa matriz eurocêntrica, que procuraram contrapor a hegemonia do capitalismo. Se é verdade, por exemplo, que o marxismo e o socialismo foram mobilizados com sucesso para inúmeras lutas de libertação anticolonial e antirracista no século XX, numa memorável senda internacionalista, a necessidade de resistências contextuais, produzidas a partir de baixo e do Sul, inscritas nas identidades e culturas particulares, é, igualmente, uma das lições mais significativas dos levantes anticoloniais do século passado.

A articulação de resistências deve superar a imposição prévia de narrativas de luta mais importantes do que outras, numa reinvenção de articulações e reconhecimentos mútuos, difíceis, morosos, tensamente articulados com justiças históricas, mas indispensáveis para um alargamento articulado da frente da luta. Essencialismos não estratégicos, que afirmem a prioridade de uma causa e a resoluta incomunicabilidade de uma identidade a outras experiências de existência e luta, dificilmente ajudarão a definir um horizonte antissistêmico bem-sucedido contra o retorno da extrema-direita, sábia predadora de dissensões nas lutas subalternas. Tampouco terá sucesso a criação de uma agenda antissistêmica que se assente na rejeição das lutas identitárias, frequentemente catalogadas como mera digressão da luta de classes, como vemos na já proverbial posição de certa esquerda que, a partir de uma posição de privilégio identitário, de arrogância eurocêntrica ou condescendência impaciente, afirma já conhecer todas as respostas para a restauração da dignidade dos/as outros/as.

Falando da luta anticolonial, Fanon (2004, p. 146) afirmava a importância de resgatar para uma história comum as diferentes rebeliões: "A nossa missão histórica, para nós que temos tomado a decisão de romper as malhas do colonialismo, é ordenar todas as rebeldias, todos os atos desesperados, todas as tentativas abortadas ou afogadas em sangue". Acredito que a missão histórica das gerações do presente é conferir ordem, articulando sem hierarquia prévia, traduzindo linguagens, experiências e histórias de sofrimento, as lutas que nas diferentes latitudes se investem contra a inevitabilidade da desigualdade, da discriminação e da violência. Todas as lutas são identitárias e a história da escravidão é a prova de que o capitalismo não existiria sem a hierarquia entre humanos e sem a sistemática aniquilação da dignidade daqueles que foram marcados para ser menos gente. Contra o capitalismo e contra as formas de hierarquizar a dignidade de quem foi historicamente diminuído em nome dos seus corpos, crenças, pertenças e desejos, as lutas identitárias resultam de um trato revolucionário antigo, bem captado nas palavras de Conceição Evaristo, de quem há muito combinou não morrer.

Referências

ATUAHENE, Bernadette. *We want what's ours:* Learning from South Africa's Land Restitution Program. Oxford: Oxford University Press, 2014.

BANCO DE DADOS DO TRÁFICO DE ESCRAVOS TRAN-SATLÂNTICO (Slave Voyages). Disponível em: https://www.slavevoyages.org/assessment/estimates. Acesso em: 1 jun. 2021.

HOOKS, bell. *Killing rage: Ending racism*. Londres: Penguin Books, 1995.

BETHENCOURT, Francisco. *Racismos: Das Cruzadas ao século XX*. Lisboa: Temas e Debates, 2015.

BUTLER, Judith. *Precarious life: the powers of mourning and violence*. London; New York: Verso, 2004.

BUTLER, Judith. *Undoing Gender*. Nova Iorque: Routledge, 2004a.

CÉSAIRE, Aimé. *Um discurso sobre o Colonialismo*. Lisboa: Livraria Sá da Costa Editora, 1978.

CHAKRABARTY, Dipesh. *Provincializing Europe: postcolonial thought and historical difference*. Princeton, N.J.: Princeton University Press, 2000.

DANIUS, Sara; JONSSON, Stefan; SPIVAK, Gayatri Chakravorty. An Interview with Gayatri Chakravorty Spivak. *Boundary*, v. 20, n. 2, p. 24-50, 1993.

DIANGELO, Robin. Fragilidade Branca. São Paulo: Faro Editorial, 2020.

EVARISTO, Conceição. *Poemas de recordação e outros movimentos*. Rio de Janeiro: Editora Malê, 2002.

FANON, Frantz. *The Wretched of the Earth*. Nova Iorque: Grove Press, 2004

FEDERICI, Silvia. *Calibã e a bruxa: Mulheres, corpos e acumulação primitiva*. São Paulo: Elefante, 2017.

GEERTZ, Clifford. *A interpretação das culturas*. Rio de Janeiro: Zahar Editores, 1978.

GILROY, Paul. *O Atlântico Negro: Modernidade e dupla consciência*. Universidade Cândido Mendes- Centro de Estudos Afro-Asiáticos. São Paulo: Editora 34, 2001.

GOFFMAN, Erving. *Estigma – Notas sobre a manipulação da identidade deteriorada*. Rio de Janeiro: LTC, 2008.

HARAWAY, Donna. Situated Knowledges: The Science Question in Feminism and the Privilege of Partial Perspective. *Feminist Studies*, v. 14, n. 3, p. 575-599, 1988.

KILOMBA, Grada. *Memórias da plantação: episódios de racismo quotidiano*. Lisboa: Orfeu Negro, 2019.

KOPENAWA, Davi. *A queda do céu*: palavras de um xamã Yanomami. São Paulo: Companhia das Letras, 2015.

LODGE, David. *Nice Work*. Londres: Secker & Warburg, 1988.

LODGE, David. *Um almoço nunca é de graça*. Lisboa: Gradiva, 2002.

MARTINS, Bruno Sena. Violência colonial e testemunho: para uma memória pós-abissal. *Revista Crítica de Ciências Sociais,* n. 106, p. 105-126, 2015.

MIGNOLO, Walter. *Local Histories/Global Designs*. Princeton: Princeton University Press, 2000.

RIBEIRO, Djamila. *Lugar de Fala*. Belo Horizonte: Letramento, 2017.

RIBEIRO, Djamila. *Pequeno manual antirracista*. Companhia das Letras, 2019.

ROTHBERG, Michael. *The implicated subject: beyond victims and perpetrators*. Stanforf: Stanford University Press, 2019.

SANTOS, Boaventura de Sousa. *A gramática do tempo: para uma nova cultura política*. Porto: Afrontamento, 2006.

SANTOS, Boaventura de Sousa, *O fim do império cognitivo*. Coimbra: Almedina, 2018.

SPIVAK, Gayatri Chakravorty. Criticism, Feminism and the Institution: interview with Elizabeth Grosz, *Thesis Eleven: a Socialist Journal*, n. 10/11, p. 175-187, 1984/1985.

STOLER, Ann Laura. Imperial Debris: Reflections on ruins and ruination. *Cultural Anthropology*, v. 23, n. 2, p. 191-219, 2008.

TRAVERSO, Enzo. *The new faces of fascism: Populism and the far right*. Londres; Nova Iorque: Verso, 2019.

VERGÈS, Françoise. *Un féminisme décolonial*. Paris: Fabrique, 2020.

WILLIAMS, Eric. *Capitalism and Slavery*. Chapel Hill: University of North Carolina Press, 2014.

Racismo
em Portugal: algumas notas

Cristina Roldão

As voltas que o mundo dá. A expressão "políticas de identidade", cunhada pelo Combahee River Collective, criado em 1974 por ativistas afro-americanas, é hoje utilizada por uma parte da ala direita do espectro político, mas também por alguns setores da esquerda, como arma de arremesso contra os movimentos sociais antirracistas, feminista e LGBTQI+. Tudo se passa como se a "subjetividade" não fosse também parte da sua forma de fazer política, como se, por exemplo, a ideia de portugalidade, a concepção "lusitana" branqueada sobre a origem dos portugueses, ou o imaginário sobre a "classe trabalhadora" e o "povo" (em alguns casos mais colarinho azul, noutros mais colarinho branco), mas normalmente pensado como caucasiano, não fossem também sujeitos construídos politicamente. Em ambos os casos, a suposta rejeição das "políticas de identidade" é uma contradição, quer porque esquerda e direita investem elas próprias nesse tipo de construção, quer porque nos seus projetos de humanidade, de Estado e de modernidade há, entre outras coisas, um lastro da subjetividade eurocêntrica (Césaire, 1956). O debate sobre o "sim ou não" às políticas de identidade é, portanto, um falso debate, a subjetividade faz parte da disputa política. Algumas formas tornaram-se historicamente dominantes, quase naturalizadas, e por isso pouco questionadas, enquanto outras, nas margens da sociedade e do campo político, estão mais sujeitas ao escrutínio e descredibilização sistemáticos.

Poder-se-á dizer que nas críticas anteriores, apesar de todos os problemas, há uma maior capacidade de agregação social. Mas será que realmente eles se dirigem às comunidades ciganas, negras e outras não brancas? Aos imigrantes? Às mulheres? Às pessoas LGBTQI+? Às pessoas com deficiência? Aos precários? Serão esses os sujeitos políticos que têm em mente? Alguns setores da esquerda têm procurado formas de combinar esta multiplicidade de questões, embora com tensões, impasses, adesões pontuais, parciais e quando não instrumentais.

Esquerda e direita não contavam com a emergência pública do sujeito político negro, sobretudo desde 2015. Já não se tratava mais do movimento antirracista predominantemente branco dos anos 1990, que surgiu no quadro do assassinato de Alcindo Monteiro, homem negro, cabo-verdiano, por um grupo de *skinheads* em Lisboa. Também já não se tratava mais do movimento associativo imigrante, que nos anos 1990 alcançou inúmeras melhorias nas condições de vida e nos direitos de cidadania dos imigrantes. Embora tivesse um forte protagonismo de dirigentes associativos africanos, a questão racial não será o centro das suas reivindicações. Será a geração seguinte, os jovens negros que nasceram ou cresceram em Portugal na era pós-colonial, desde os anos 1970, que darão maior centralidade à questão racial, desde logo a partir do *rap* crioulo da periferia. Esse movimento de constituição, em Portugal, de um sujeito político negro estava em marcha há várias décadas, mas será o caso de violência policial no bairro da Cova da Moura e na esquadra da polícia de Alfragide, em fevereiro de 2015, que irá furar o espaço midiático e político português, assim como reforçar a mobilização negra portuguesa e as conexões como as formas de militância do movimento negro brasileiro e da mobilização do Black Lives Matter nos EUA.

Esquerda e direita não contavam com a emergência pública do sujeito político negro, e criticaram-no dizendo que era causador de fraturas na sociedade portuguesa (na classe trabalhadora e no povo português que, supostamente, "não vê cores") ou mesmo que o movimento negro antirracista é racista e que alimenta a (nova) extrema-direita. Como diz Sueli Carneiro (2000), "entre direita e esquerda, eu continuo sendo preta". Isso não significa, como é obvio, abandonar a filiação à esquerda, mas é uma relação crítica.

Portugal parece só agora despertar para o racismo, como se ele fosse uma novidade, uma decorrência do avanço internacional de uma nova extrema-direita. A ordem é inversa. Os novos movimentos de extrema-direita alimentam-se oportunisticamente do racismo latente nas sociedades pós-coloniais. Portugal parece chocado com as caixas de comentário na internet inundadas de boçalidades racistas, vídeos nas redes sociais de violência policial contra comunidades e corpos negros, dirigentes políticos portugueses e internacionais que verbalizam explicitamente o seu racismo ou implicitamente a sua visão eurocêntrica e glorificadora do colonialismo. Mas somente por pura alienação é que se pode pensar que tudo isso é recente. O que é novo é que todos, e não só os grupos racializados, passaram a ter que lidar com as expressões do racismo, porque este se tornou mais visível. Essa maior visibilidade não decorre apenas das novas tecnologias ou de um despertar espontâneo do espaço público e midiático, decorre sobretudo do trabalho de longo curso de múltiplas organizações (nacionais e internacionais) e pessoas que conquistaram espaço público e político para o debate sobre o (anti)racismo.

Numa analogia com as etapas de descolonização psíquica identificadas por Grada Kilomba (2019), em vez das perguntas (repetidas *ad nauseam*) "Será Portugal um país racista?" ou "Será que há racismo em Portugal?" (típicas de um problema geral de negação); ou das perguntas "Como é possível que isto esteja acontecendo na nossa sociedade?" (que expressa um sentimento de vergonha que depende de pressão externa); é necessário avançar, de uma vez por todas, para o "Como vamos combater o racismo?" (reconhecimento e reparação).

O racismo continua a ser visto pelas instituições como uma "anomalia" pontual e moral, numa recusa de reconhecê-lo como uma relação estrutural e parte do *modus operandi* e das relações sociais de poder das sociedades pós-coloniais. Em contrapartida, tendem a olhá-lo como uma questão circunscrita aos grupos racializados, num negacionismo da face branca desta moeda, isto é, da branquitude como um sistema de privilégios historicamente construídos, socialmente reproduzidos que intervém na organização das sociedades, em intersecção com outras estruturas de poder, de classe, de gênero etc. Esta negação profunda, que está sempre encontrando formas de minimizar o racismo, decorre de uma ideologia lusotropicalista arraigada, tal como o mito da democracia racial no Brasil, ambos inspirados nos trabalhos de Gilberto Freyre.

Sem pretensões de exaustividade, procuro nas secções seguintes abordar com mais detalhe as origens do conceito de "políticas de identidade" no feminismo negro; tecer alguns comentários breves sobre o "marxismo negro"; discutir ainda alguns dados sobre o racismo na sociedade portuguesa, finalizando com propostas de caminhos de combate ao racismo na sociedade portuguesa.

Políticas de identidade e feminismo negro

O recente trabalho de Keeanga-Yamahtta Taylor (2017) lembra-nos um dos pontos de partida do debate sobre as "políticas de identidade" nos EUA, o célebre Combahee River Collective (CRC), do final dos anos 1970. Figuras-chave desse coletivo, como Barbara Smith, Audre Lorde, entre outras ativistas e intelectuais negras envolvidas de alguma forma no CRC fizeram parte do movimento de consolidação política do feminismo do "Terceiro Mundo". Trata-se de um projeto político que convoca o conceito de "colonialismo interno", a solidariedade internacional entre espaços (ex)colonizados, entre mulheres dos diferentes grupos racializados nos EUA, na sua esmagadora maioria da classe trabalhadora, mas também procurando pontes com o movimento LGBTQI+. O conceito de "amefricanidade" de Lélia Gonzalez (1983), construído dentro do feminismo negro brasileiro, procurava também esse tipo de unidade feminina ao Sul.

Keeanga-Yamahtta Taylor procura resgatar o significado inicial da expressão "políticas de identidade", num contexto de rápida captura e ressignificação conservadora dela. Como fica evidente no manifesto do CRC e na entrevista a Barbara Smith, uma das fundadoras do coletivo, o conceito de "política de identidade" remete para a necessidade de, como mulheres negras, trabalhadoras e lésbicas, entenderem a sua identidade e experiências como frutos da sua posicionalidade nas relações de poder estruturais – patriarcado, colonialismo e capitalismo – e construírem estratégias políticas próprias na luta pela sua libertação. Trata-se de um entendimento próximo daquele que Angela Davis explicitou numa entrevista: "o potencial mais empolgante de formações coletivas de mulheres racializadas reside na possibilidade de politizar essa identidade – baseando a identidade na política em vez da política na identidade" (Lowe, 1997, p. 318).

Como nos mostra bell hooks (2018), nos EUA, ou Nubia Moreira (2011), no Brasil, o feminismo negro surge na falta de espaço para as mulheres negras noutros movimentos – desde logo, no movimento feminista (tendencialmente branco e pequeno--burguês) e no movimento de libertação negra (tendencialmente masculinos nas suas lideranças e representação pública) –, mas considerar que o feminismo negro resulta apenas ou principalmente de uma "dissidência" é esquecer as suas origens históricas e organicidade própria.

Em *Mulheres, raça e classe,* Angela Davis (1981) discute como nos EUA o feminismo negro e o movimento sufragista surgem ancorados ao movimento abolicionista. O segundo demarcar-se-á progressivamente pela questão racial, aliás, vindo até a mobilizar a distinção racial para justificar a sua posição preferencial face ao direito ao voto. E é preciso não esquecer neste debate que, historicamente, como recorda bell hooks, as mulheres brancas gozaram de uma posição de privilégio face aos homens negros e mulheres negras. Na verdade, esse feminismo branco sufragista, em boa medida pequeno-burguês, também havia deixado para trás reivindicações das trabalhadoras brancas, em torno das condições materiais (e prementes) de vida. Já o feminismo negro tenderá a organizar-se no movimento abolicionista e, mais tarde, no movimento pelos direitos civis e no movimento Black Power. Isso acontecerá também, como referido em Nubia Moreira e Kia Lilly Caldwell (2000), no feminismo negro brasileiro da década de 1970. Em termos orgânicos, grupos como o Nzinga[1] nascem mais do interior do movimento negro do que do feminismo branco. Os trabalhos de Lélia Gonzalez (1982), Luiza Bairros (1991) e Sueli Carneiro (1985) mostram que, se com o primeiro, as tensões se enquadram numa solidariedade e cooperação críticas, no segundo caso as tensões políticas tendem a ser mais disruptivas. Esse parece ser também o padrão da mobilização política das mulheres negras em Portugal, bem como é o caso da Liga das Mulheres Africanas, no interior do Partido Nacional Africano (anos 1930); da mobilização política e armada de mulheres nos movimentos anticoloniais africanos, anos 1960 e 1970 (Mata, 2015; Meneses, 2008), ou do movimento associativo de imigrantes africanos, anos 1990 (Albuquerque, 2005).

Sabendo que qualquer levantamento visibiliza ao mesmo tempo que invisibiliza, é preciso sinalizar que, nos últimos anos, assistimos à emergência de vários coletivos de feministas negras em Portugal, que na sua maioria tem mais uma relação orgânica com o movimento negro e antirracista do que com o movimento feminista branco. É o caso da Queering Style (2015) e o Coleti-

---

[1] O Nzinga – coletivo de Mulheres Negras – é fundado em 1983 por Lélia Gonzalez e outras ativistas negras do Rio de Janeiro. O nome do grupo faz referência à rainha Nzinga (1582-1663), que enfrentou durante várias décadas as tentativas de dominação colonial portuguesa no território que é hoje Angola. Com membros de diferentes origens sociais, o coletivo Nzinga tinha o objetivo de trabalhar com mulheres negras de baixa renda, pelo que a sua sede foi estabelecida no Morro dos Cabritos. Abordando a perspectiva e a luta do que se veio a chamar "interseccionalidade", Nzinga debruçava-se sobre as opressões de gênero, raça e classe específicas às mulheres negras e procurava estabelecer diálogo com referências políticas e culturais do continente africano. Para além de outras atividades, o coletivo organizou durante vários anos um periódico próprio, o *Nzinga Informativo* (1985-1989), pioneiro na história do feminismo negro brasileiro.

vo Zanele Muholi de Lésbicas e Bissexuais Negras (2016), que colocam na agenda do feminismo negro as questões LGBTQI+; a Associação de Mulheres Negras, Africanas e Afrodescendentes (Femafro) (2016) e o Instituto da Mulher Negra (Inmune) (2018), mas também grupos com maior informalidade, caso das Crespas e Cacheadas (2013), We Love Carapinha (2015), Nêga Filmes (2015), Roda das Pretas (2016) e o Chá das Pretas (2017) e de todo um conjunto de associações lideradas por mulheres negras, como é o caso da Afrolis – Associação Cultural (2014), Associação de Afrodescendentes (DJASS) (2016), o Grupo de Teatro do Oprimido de Lisboa (GTOLX) (2002).

Para além dessas, é preciso sublinhar o caráter pioneiro e de forte enraizamento nas comunidades negras da periferia de Lisboa de outras duas referências do feminismo negro português. Por um lado, a dinâmica criada em torno do fanzine *Cadernos de Consciência e Resistência Negra*, que chegou aos dez números (2007 e 2011), organizada por Eduina Vaz e Sónia Vaz Borges, esta última autora de trabalhos sobre o percurso de alguns bairros negros da periferia de Lisboa e sobre a educação popular do Partido Africano para a Independência da Guiné e Cabo Verde (PAIGC) (Borges, 2014; 2019). Por outro, o grupo de mulheres da Plataforma Gueto que, entre outras coisas, traduziu coletivamente duas obras fundamentais do feminismo negro, disponíveis *online*. Em 2013 traduziram o *Mulheres, raça e classe* de Angela Davis e, em 2014, o *Não serei eu mulher?*, de bell hooks.

A maior distância face ao feminismo branco tem que ver não só com o fato da dominação patriarcal que recai sobre as mulheres brancas e negras ter diferenças assinaláveis, mas também porque encerra contradições e antagonismo importantes. Vejamos dois exemplos. A "libertação" laboral de uma parte das mulheres brancas fez-se, não por uma "socialização do trabalho doméstico", mas, em parte, por via da sua substituição pela força de trabalho de mulheres não brancas nos serviços de limpeza domésticos, dos escritórios e dos grandes estabelecimentos comerciais, nas cozinhas e serviço de mesa, nos cuidados a idosos. Também os padrões estéticos dominantes, embora subjuguem todas as mulheres ao lugar de "objetos" definidos pelos interesses do patriarcado, colocam as mulheres brancas numa posição superior. Nestes dois exemplos, mais do que graus de (des)vantagem, brancas e negras são colocadas numa relação de opostos intrinsecamente competitiva, o que a sociedade atribui a umas é o "negativo" do que confere a outras: fragilidade/força; mente/corpo; civilidade/bestialidade; castidade/promiscuidade; a esposa e mãe extremosa/a mãe solteira desestruturada; beleza/fealdade; limpa/suja; sensibilidade/rudeza etc.

Isto não significa que não exista uma relação de dominação dos homens negros para com as mulheres negras, do ponto de vista da objetificação sexual, da exploração do trabalho na esfera doméstica e do protagonismo em contextos de trabalho, do racismo incorporado e colorismo que leva a que muitos, numa lógica de promoção social e mesmo segurança ontológica, prefiram estabelecer relações amorosas com pessoas brancas ou mais claras, preterindo as negras, reforçando os estereótipos que sobre elas (e eles) recaem. A estrutura patriarcal marca estas relações, embora seja necessário entender que, na intersecção com a dimensão racial, aos homens negros está reservada uma masculinidade subalterna, como já notava, aliás, Frantz Fanon (1975).

As mulheres negras do CRC entendiam a sua identidade e experiências como fruto da sua posicionalidade nas relações de poder estruturais – patriarcado, colonialismo e capitalismo –, abordagem essa que permite, exatamente, romper com a concepção narcisista da identidade, ao mesmo tempo que é condição para a sua mobilização, para a constituição de um discurso e estratégia próprios.

A crítica do "narcisismo" parte, frequentemente, de uma dificuldade em conceber a autodeterminação dos grupos subalternizados como um aspecto positivo para a sociedade como um todo. A tomada de consciência, pelos grupos nessa condição, de que são um grupo "em si" e que é necessária uma atuação coletiva "para si" são essenciais para romper com falsos discursos universalistas que têm mantido as desigualdes étnico-raciais. Por exemplo, os espaços de consciencialização e mobilização "de nós para nós" são determinantes para que possam ser articuladas e consolidadas formas de ação protagonizadas pelas mulheres negras e que tenham no centro as suas reivindicações. O movimento operário ergueu--se a partir de estratégias como essas, de afirmação como sujeito político "em si" e "para si" e de reivindicação dos seus interesses. Não se ousaria, por exemplo, chamar o movimento operário de narcisista porque os sindicatos têm como princípio ser liderados, concebidos e mobilizados por trabalhadores e seus interesses. O que se diz anteriormente não implica que as mulheres negras sejam as únicas com legitimidade para discutir as questões da mulher negra. Quer dizer que esse debate tem de ser feito com elas e com elas no centro. Não se diz também que os "seus" interesses sejam aqueles que "só" a si dizem respeito. Os problemas e interesses das mulheres negras são, em muitos aspectos – embora não todos –, semelhantes aos dos homens negros, mulheres e homens brancos da classe trabalhadora. O que, num olhar apressado, pode parecer um movimento "particularista", é precisamente o contrário. Como refere Djamila Ribeiro, "o feminismo negro não exclui, amplia". O enunciado da condição específica da mulher negra torna visível a intersecção de múltiplas estruturas de poder – por exemplo, raciais, de gênero e de classe – historicamente construídas e transversalmente constitutivas da nossa sociedade (Ribeiro, 2017). Exatamente porque em qualquer uma dessas estruturas sociais estão numa posição subalternizada, as mulheres negras congregam os interesses e as reivindicações de múltiplos grupos oprimidos.

Quanto às possibilidades de aliança, as mulheres negras do CRC consideravam-se socialistas, entendiam o sexismo, racismo e lesbofobia como parte do sistema capitalista e, em contraparti-da, entendiam que um socialismo que não fosse manifestamente contra essas relações de poder não poderia ser socialismo. Quer no texto do manifesto, quer nas suas estratégias de organização política, fica evidente que, para as mulheres do CRC, a constituição de alianças é fundamental. Para Barbara Smith, em entrevista a Keeanga-Yamahtta Taylor, as alianças são "a única maneira de vencermos – e antes disso, a única maneira de sobrevivermos", apesar das contradições com que se tem que lidar. Como diria Amílcar Cabral (1974, p. 4),

> para lutar é preciso unidade, mas para ter unidade também é preciso lutar. E isso significa que mesmo entre nós, nós lutamos [...] Unidade para lutarmos contra o colonialista e luta para realizarmos a nossa unidade, para construirmos a nossa terra como deve ser.

Nem adeus a Marx, nem adeus ao marxismo negro

Nada do que se disse anteriormente significa um "adeus a Marx". Isso seria, aliás, rasurar um patrimônio de reflexão negra sobre as imbricações entre (anti)colonialismo, (anti)capitalismo e (anti)racismo, que estiveram na base das lutas pelos direitos dos negros na diáspora e pela libertação do colonialismo na África. É o caso da reflexão teórica e política de Amílcar Cabral, Angela Davis, Cedric J. Robinson, Frantz Fanon, Kwame Nkrumah, Walter Rodney, W. E. B. Du Bois, e tantas outras figuras. Ganharíamos também em recuperar as reflexões de protagonistas como Aimé Césaire (1956), Claudia Jones (cf. Davies, 2008), C. L. R. James[2] que debateram a questão negra e colonial a partir de dentro dos partidos de esquerda na diáspora, assim como as discussões, a partir de fora, de Stuart Hall, no âmbito da *New Left Review*.

Historicamente, o racismo tornou legítima a superexploração, por via da escravatura, da força de trabalho de milhões de pessoas negras e outras não brancas durante séculos, legitimou também a expropriação a uma escala sem precedentes de terras e recursos dos

---

[2] Série de debates entre C. L. R. James, Leon Trotsky e outros líderes do US Socialist Workers Party: "Self-Determination for the American Negroes"; "A Negro Organization"; "Plans for the Negro Organization".

povos colonizados. Isso permitiu, como diria Marx, a "acumulação primitiva", pré-condição da revolução industrial inglesa, do subdesenvolvimento da África (assim como de outros territórios colonizados), a hegemonia europeia e um processo assimétrico de globalização que se estende até hoje (Rodney, 1972; Robinson, 1983; Wallerstein, 1974; Santos, 1985).

Tal como Marx encontrou um falso antagonismo entre trabalhadores ingleses e irlandeses, sustentado pelo colonialismo britânico, o racismo contra pessoas negras, ciganas e outras não brancas funciona também como um dispositivo de alienação e desorganização da classe trabalhadora, embora não seja só isso. O operariado branco é levado a sentir-se em competição, e não em solidariedade, com os trabalhadores racializados, entretanto, são transformados em bodes expiatórios das violências do capitalismo. Acomodam-se com o que W. E. B. Du Bois (1998) designava "dividendos da branquitude" (*wages of whiteness*). Até o mais pobre e explorado dos trabalhadores brancos pode gozar assim de um sentimento de relativa superioridade e civilidade, alienando-se da sua condição real de vida.

Este sentimento de "superioridade" não é uma mera "opinião" e nem sempre está imediatamente acessível à consciência. Como discutido por Frantz Fanon, esse é um processo de desumanização, de projeção num "outro", num espelho em negativo, das características consideradas indesejáveis. Este processo corresponde à constituição subjetiva da branquitude e da "zona de não ser" para os racializados. O mesmo tipo de processo é aquele identificado por Simone de Beauvoir (2015) nas relações de gênero – a mulher é construída como a "outra" do homem –, embora, ao negligenciar a dimensão racial, a pensadora acabasse por universalizar a condição branca na categoria mulher. A dominação masculina não funciona da mesma forma para mulheres brancas e racializadas, assim como a masculinidade dos homens negros é construída de forma subalternizada face à hegemonia da masculinidade branca e face aos privilégios raciais das mulheres brancas.

Como refere Grada Kilomba, a mulher negra é a "outra" do "outro", nunca considerada frágil, trabalhando lado a lado com os homens negros em trabalhos penosos e sendo fisicamente castigada. Subjugadas a um regime de exploração predatório, às mulheres negras não se colocava a possibilidade de castidade, dedicação ao espaço doméstico, à sua família, a uma maternidade "extremosa". Por isso, Sueli Carneiro (2003) pergunta:

> Quando falamos em romper com o mito da rainha do lar, da musa idolatrada dos poetas, de que mulheres estamos falando? As mulheres negras fazem parte de um contingente de mulheres que não são rainhas de nada, que são retratadas como antimusas da sociedade brasileira, porque o modelo estético de mulher é a mulher branca. Quando falamos em garantir as mesmas oportunidades para homens e mulheres no mercado de trabalho, estamos garantindo emprego para que tipo de mulher? Fazemos parte de um contingente de mulheres para as quais os anúncios de emprego destacam a frase: 'Exige-se boa aparência'

Como mostra Angela Davis, esta condição vai trazer profundas diferenças nas prioridades de mobilização política entre mulheres negras e brancas (no que toca a reivindicações no plano do trabalho feminino; a divisão sexual do trabalho; as perspectivas sobre o espaço doméstico; as concepções de feminilidade; as relações com a maternidade e controle da natalidade etc.). Mas é evidente que, como também relembra a autora, o tal ideal de feminilidade frágil das mulheres brancas estava longe de expressar a condição em que se encontravam as mulheres brancas da classe trabalhadora.

Raça, gênero e classe no império português

Para contextualizar algumas das ideias discutidas anteriormente, vale a pena conhecer alguns aspectos históricos da intersecção entre raça, gênero e classe no império português e na Portugal pós-colonial. Nas décadas de 1940 a 1970 nasceram as pessoas que hoje têm entre 50 e 80 anos, cerca de 36% da população portuguesa total. Boa parte daqueles que compõem as elites políticas, culturais e econômicas pertence a esse grupo etário. É uma geração que viveu e foi educada no colonialismo do Estado Novo do pós-Segunda Guerra Mundial. Essa é uma fase em que, perante fortes e reiteradas críticas de instituições internacionais, perante o avanço e organização dos movimentos de libertação em várias partes do globo, de que a Conferência de Bandung de 1955 é um marco, o Estado português irá ocultar, via propaganda e repressão, a violência da exploração e dominação colonial. Uma das formas de alcançar esse objetivo foi recorrer à romantização colonial do lusotropicalismo criado por Gilberto Freyre (Castelo, 1998).

Tendo vigorado durante 21 anos, o Ato Colonial é suprimido em 1951, mas o Estatuto do Indigenato, que teve origem no "Estatuto Político, Social e Criminal dos Indígenas de Angola e Moçambique" de 1926, só será abolido dez anos mais tarde, apenas em 1961 (15 anos depois de a França ter abolido o seu *Régime de l'indigénat*). Na narrativa oficial, abandonam-se expressões desabridamente colonialistas como a da missão de "civilizar pelo trabalho". O império passa a designar-se "ultramar", as colónias passam a "províncias ultramarinas" e o imaginário da "mística imperial" dá lugar à narrativa lusotropical de Gilberto Freyre que sustentava que os portugueses teriam uma propensão para a mestiçagem, para o diálogo com outros povos e, como tal, eram protagonistas de um colonialismo benevolente, de face humana.

Como mostra Lélia Gonzalez (1984), a propósito do mito da democracia racial no Brasil, o lusotropicalismo de Gilberto Freyre, ainda corrente no nosso imaginário coletivo, assenta numa ideia romantizada de mestiçagem. Essa forma de "interculturalidade na expansão portuguesa" está umbilicalmente construída a partir da violência sobre os corpos das mulheres não brancas. É preciso questionar essa suposta tendência para a mestiçagem até por meio dos números. Os recenseamentos da população de Angola e Moçambique entre 1940 e 1970 mostram uma percentagem de mestiços que nunca chega aos 2%, sempre abaixo do número de população branca (Castelo, 2007). Apesar das fragilidades da estatística censitária colonial, estima-se que a população mestiça nas colônias portuguesas tinha, em termos relativos, um peso inferior, por exemplo, ao da população mestiça nos então Congo belga (atual República Democrática do Congo) e Sudoeste Africano (atual Namíbia) (Neto, 1997).

Essas alterações surgem por pressão da Organização Internacional do Trabalho e de outras organizações que irão escrutinar o trabalho forçado nas colônias e demonstrar que este não era uma "anomalia" pontual ou acidental, mas um componente estrutural do sistema colonial português, legitimado pelo Estatuto do Indigenato. Em contrapartida, internamente, as alterações na narrativa oficial eram uma forma de ocultar a resistência das populações negras ao poder colonial. É o caso das críticas ao trabalho forçado nas roças de cacau em São Tomé e Príncipe, com o assassinato de mais de mil pessoas (Massacre de Batepá, 1953), da greve dos marinheiros e estivadores do Porto de Bissau (Massacre de Pidjiguiti, 1959), das reivindicações de camponeses em Moçambique (Massacre de Mueda, 1960) e em Angola (Revolta do Kassange, 1961). Estes confrontos e as lutas de libertação que se lhes seguirão e que obrigarão Portugal a encetar uma guerra colonial de 13 anos (1961-1974), fazem parte de um longo trajeto de resistência africana ao colonialismo (Andrade, 1997).

O Estatuto do Indigenato instituía uma hierarquização racial de deveres e direitos. A população negra era classificada como "não civilizada", "indígena", o que significava o não acesso à cidadania, a direitos civis ou jurídicos, mas também a cristalização da desumanização e inferioridade. Esse quadro legal respaldava uma legislação laboral racialmente distinta – Código de Trabalho dos Indígenas – que legitimava o trabalho forçado, no setor público e privado (Monteiro, 2018). Fosse como trabalhadores agrícolas em plantações coloniais, trabalhadores da construção, nos portos, nos serviços domésticos e outros, o regime de exploração do trabalho dos negros tinha uma gênese escravocrata. O campesinato negro estava igualmente esmagado pelos interesses coloniais portugueses que expropriavam as suas terras, obrigavam o desenvolvimento de determinadas culturas, impunham impostos altos e fixavam preços baixos para os seus produtos. Os poucos comerciantes negros e mestiços estavam também muito limitados. Numa lógica de proteção dos interesses das empresas portuguesas, o Estado impunha a quem deveriam fornecer e a partir de quem podiam ser fornecidos.

Se em Cabo Verde e em São Tomé e Príncipe não foi implementado o Estatuto do Indigenato, é preciso não esquecer o regime de trabalho praticamente escravocrata nas plantações de cacau em São Tomé. Não sendo forçados pela lei, várias gerações de cabo-verdianos foram forçadas pela fome a ir para São Tomé trabalhar nas referidas roças. Cabo Verde, pelas suas condições geográficas, sofre secas cíclicas, mas a *Fome de 47* (em que morre uma larga percentagem da população) e outros períodos de crise alimentar no arquipélago foram também resultado de políticas de assistência negligentes da metrópole.

O Estatuto do Indigenato previa uma posição intermediária, a dos assimilados. Nunca chegaram a ter uma expressão significativa em Angola, Guiné-Bissau e Moçambique (não ultrapassando 1%), como mostram, por exemplo o Anuário Estatístico do Ultramar 1950-1951 e os Recenseamentos Gerais da População de Angola ou de Moçambique de 1950. A relevância política da "posição intermediária" do assimilado, como mecanismo de distinção e ascensão "civilizacional", residia não tanto no número de pessoas negras que a ele tiveram acesso, como já se viu, mas no fato desse ser um elemento de clivagem social entre colonizados e válvula de escape para as pretensões de distinção e estatuto das poucas famílias mestiças e negras que tinham uma posição mais privilegiada. Os assimilados tinham um estatuto equiparado, no plano formal, ao da população branca. Alguns pertenciam às velhas elites nativas, outros eram "recém-chegados" que haviam conquistado a sua posição por via dos estudos, de uma progressiva ascensão no ramo dos serviços administrativos, do comércio, exército e das relações com a Igreja, e que tivessem dado prova do abandono da cultura de origem e interiorização da cultura portuguesa (língua, religião, costumes etc.).

Foi, portanto, num período de fortíssima mistificação e propaganda que cresceu e foi socializada a geração hoje com idades entre 50 e mais anos e é essa narrativa que acabou por ficar instituída no Portugal pós-colonial. Junte-se a isso o recalcamento dos traumas de uma guerra colonial de 13 anos (1961-1974), a viragem desmemoriante para a Europa a partir dos anos 1980 e a própria "cegueira" que advém da posição de privilégio étnico-racial. Esta história violenta parece estar apagada da memória portuguesa ou, melhor, desconectada do presente. É, contudo, um império enterrado vivo.

Num país de cerca de 10 milhões de habitantes, saíram, entre 1961 e 1974, quase 1 milhão de homens – sobretudo da classe operária, camponeses –, que foram mobilizados para uma das mais longas guerras coloniais do mundo (Martins, 2018). Daqueles que voltaram, muitos apresentam lesões físicas e psicológicas que marcam as suas vidas e as das suas famílias ainda hoje. Estima-se ainda que perto de meio milhão pessoas brancas tenham "voltado" para Portugal, na década de 1970, na sequência das independências das até então colónias: os chamados "retornados" (Pires et al., 1984).[3] Com o fim do império chegam, entre a década de 1970 e os dias de hoje, milhares de pessoas negras das ex-colónias. Entre elas estão muitas testemunhas vivas do colonialismo português: ex-combatentes de um lado e de outro da guerra colonial e lutas de libertação; famílias ditas "assimiladas"; sobreviventes das fomes de Cabo Verde e do

---

[3] A partir dos censos de 1981, os autores estimam que a população retornada fosse de 500 mil e proveniente sobretudo de Angola e Moçambique, territórios que haviam sido constituídos pelo Estado Novo como colónias de povoamento, a partir dos anos 1950. Perto de 198 mil dessa população (40%), sobretudo entre os mais jovens, nasceu nas então colónias portuguesas na África, surgindo nas estatísticas atuais como população natural dos Palop

trabalho desumano em Angola, Guiné-Bissau, Moçambique e São Tomé e Príncipe. Também na alta burguesia portuguesa de hoje encontramos o lastro do império. Embora fosse um dos mais vastos e antigos em âmbito global, tinha uma posição semiperiférica e um capitalismo arcaico decorrente das políticas econômicas do Estado Novo. Ainda assim, houve quem nele tivesse interesse. As condições que o Estado Novo garantia – de superexploração do trabalho, apropriação de recursos e comercialização de produtos num mercado garantido e protegido – foram atrativas para a burguesia portuguesa, em parte os mesmos que hoje constituem a alta burguesia financeira portuguesa. A título de exemplo, no final dos anos 1920, as famílias Ulrich, Champalimaud, Burnay, Mello, Espírito Santo e Sotto Mayor tinham nas colônias explorações agrícolas, mineiras, atividades comerciais e de transporte (Rosas, 1998). Importa sublinhar que o fim do império colonial e a Revolução do 25 de Abril levarão a uma fuga para o Brasil de parte dessas famílias de banqueiros portugueses.

Em Portugal, a metrópole de um império semiperiférico, a esmagadora maioria da população era subescolarizada, pobre, ligada a uma agricultura de quase subsistência ou proletarizada nos latifúndios, com salários de fome. A partir dos anos 1960, aqueles que não haviam emigrado para França e outros países, saíam do interior rural para trabalhar em Lisboa e no Porto, na construção civil, nos portos, na pequena restauração e comércio, nas fábricas e, sobretudo as mulheres, para servir em casas particulares. Para além da pobreza, o patriarcado do Estado Novo. As mulheres que fugissem de casa seriam perseguidas pela polícia, que as deveria "depositar" junto dos seus maridos; não podiam divorciar-se; só com consentimento do marido podiam viajar para fora do país, celebrar contratos e administrar os seus bens. O aborto era considerado crime. Um homem podia assassinar a sua esposa sem grandes consequências penais.

Num país atravessado pela miséria e com o seu desenvolvimento estagnado, foi útil, do ponto de vista do controle social e político, a inculcação do imaginário de um Portugal grande e rico no além-mar, de um povo com a missão divina, natural e legal de civilizar os africanos. África, um *Eldorado*. Esta não é apenas a inculcação da ideia de inferioridade do "outro", mas também da superioridade da branquitude. O Estatuto do Indigenato servia para criar e gerir identidades (Meneses, 2010), colocava homens e mulheres brancos, das diferentes classes sociais, na categoria "população civilizada" e isso significava ser superior e poder subjugar os "outros", homens e mulheres não brancos de qualquer classe social.

Os efeitos desse imaginário não se circunsceveram aos territórios colonizados, abrangeram também a metrópole e aqueles que nunca dela saíram. A possibilidade de distinção étnico-racial fez com que os brancos fustigados pela pobreza e pelos interesses das elites pudessem, ainda assim, identificar-se com os discursos nacionalistas enfáticos que protegiam as burguesias. Esta forma de emprestar dignidade à população branca pobre, por via da exploração de uma distinção racista, de que o mais das vezes não usufruíram diretamente, foi e é um poderoso mecanismo de repressão e controle social.

É verdade que as políticas coloniais de povoamento branco programado nunca foram massivas e, sobretudo no caso do povoamento rural, fracassaram do ponto de vista da rentabilidade econômica. Os recenseamentos da população branca em Angola e Moçambique, entre 1940 e 1970, mostram que nunca ultrapassaram os 5% da população desses territórios (Castelo, 2007). Ainda assim, mesmo que pobres em Portugal, as pessoas brancas que chegavam às colônias ascendiam socialmente. Um "elevador social" movido pelas expropriações de terras dos africanos, pela superexploração da força de trabalho negra, pela legislação e práticas que ofereciam às populações brancas o acesso privilegiado e protegido a carreiras na administração, no comércio, no clero, nas profissões liberais. A pobreza e a baixa escolaridade de muitos imigrantes africanos que vivem hoje em Portugal, a sua segregação residencial, tudo isso decorre desse processo histórico ainda não reparado.

O Estado Novo procurava garantir que nas colônias não se constituísse uma massa de brancos pobres, de trabalhadores manuais, cuja superioridade pudesse ficar comprometida aos olhos dos negros, mas também dos próprios brancos. A pobreza branca em contexto colonial era também uma porta para as temidas miscigenação e dita "cafrealização",[4] outras vias pelas quais as hierarquias raciais poderiam ser questionadas. Classe e raça eram politicamente moldadas até se confundirem por completo e se tornarem algo natural.

A maioria das mulheres brancas portuguesas estava longe do ideal pequeno-burguês da dona de casa frágil. Muitas trabalhavam no campo, camponesas de subsistência ou assalariadas agrícolas, e na cidade eram "criadas de servir" da pequena e alta burguesia. Contudo, estavam numa posição de vantagem relativa face às mulheres negras, que eram sujeitas ainda ao trabalho forçado, à expropriação das suas terras, ao estupro sistemático, socialmente tolerado, romantizado e erotizado. Para além disso, a imagem dominante da mulher branca portuguesa no Estado Novo era a da trabalhadora abnegada, mãe e esposa, católica e casta, de certa forma a antítese da "nativa" africana. *A Exposição do Mundo Português*, em 1940, apresentava várias mulheres negras, num registro etnográfico profundamente machista e racista, modelos vivos do que o Estatuto do Indigenato classificava como "indígenas" (Vicente, 2013). Fotografadas a partir de e para o olhar branco masculino, as imagens de mulheres negras nuas em pose circulavam nos catálogos, revistas e projeções sobre as colônias, como isca, como uma promessa de sexo fácil aos potenciais

---

[4] "Cafrealização" é um termo pejorativo, com origem na palavra "cafre" (escravo). O termo era usado para nomear o processo, considerado socialmente reprovável, pelo qual alguns indivíduos brancos assimilavam os modos das populações africanas pelo contato regular e próximo que com elas tinham.

colonos brancos, mas também como uma possibilidade da mulher branca poder ter suas serviçais.

Discriminação racial: inoperância e impunidade institucional

Apesar de ainda hoje haver uma leitura benevolente sobre o racismo em Portugal e até mesmo um questionamento sobre se o racismo existirá no país, fruto do lusotropicalismo arraigado de que se falou anteriormente, os dados sobre a discriminação apontam para um cenário pouco idílico. O Eurobarômetro de 2015 (Eurobarometer, 2016) revela que, em Portugal, 64% dos inquiridos considera ser frequente a discriminação com base na origem étnica e 44% tem a percepção de que a origem étnico-racial pesa na possibilidade de obtenção de um emprego. Muitos referem que as entidades empregadoras fazem pouco para promover essa diversidade étnico-racial nos locais de trabalho (73%) e que as medidas políticas de recuperação econômica tendem a excluir minorias étnico-raciais (50%). Mesmo reconhecendo a discriminação, uma parte importante dos inquiridos diz que se sentiria desconfortável caso os seus descendentes estivessem numa relação amorosa com pessoas ciganas (40%), negras (34%) ou asiáticas (31%).

O recente relatório *Ser negro na União Europeia* [Being Black in the EU] (FRA, 2018) mostra que cerca de um quarto dos afrodescendentes inquiridos em Portugal assinalam ter sofrido alguma forma de discriminação nos últimos cinco anos (23%), embora quando enumeradas as situações concretas (no trabalho, escola etc.) essa percentagem suba para um terço (33%). No que diz respeito às comunidades ciganas em Portugal, o estudo European Union Minorities and Discrimination Survey II (FRA, 2016) mostra que estas são as que mais discriminações sofreram nos últimos cinco anos e nos últimos 12 meses (71% e 47% respectivamente, em comparação com 41% e 26% no conjunto global dos nove países analisados). O racismo no cotidiano fica também patente nos dados do *European Social Survey*. A crença de que existem grupos étnico-raciais natural ou culturalmente inferiores está longe de ser pontual, correspondendo a mais da metade das respostas da população portuguesa (Vala; Pereira, 2018).

Estes resultados demonstram a perfusão de discursos sobre superioridade civilizacional reproduzidos de forma implícita ou explícita, no cotidiano, por figuras públicas, na mídia, mas também de forma difusa nas caixas de comentários nas redes sociais e noutros espaços *online*. O que estes resultados permitem observar é um cotidiano atravessado pelo racismo, que não deveria ser compaginável com uma sociedade democrática, e que exige uma resposta proativa e eficaz do Estado no combate à discriminação. étnico-racial.

Em 1999, passados mais de 20 anos da aprovação da Constituição da República Portuguesa em regime democrático, foi criada a Lei Contra a Discriminação Racial e a Comissão para a Igualdade e Contra a Discriminação Racial (CICDR). Em 13 anos (de 2005 a 2018), a CICDR recebeu 1.399 queixas, em média, 107 por ano, um número reduzido face ao que se sabe ser a discriminação em Portugal, algo que se prende com a falta de confiança nas instituições e com a arquitetura legal que enquadra estes casos. Pesam aqui, entre outras coisas, os problemas já apontados pela ECRI (2018), como os custos judiciais e os riscos de represálias incomportáveis para populações já de si profundamente excluídas; as dificuldades em fazer prova; o caráter restrito do que se entende por incitamento à violência, ódio ou discriminação, assim como por intencionalidade. Das 1.399 queixas, somente 24%, 340 casos, levaram à abertura de um processo de contraordenação e apenas 1,7% levou a uma condenação, 25 casos (CICDR, 2005-2015; 2017; 2018).

A recente pesquisa *Combat: O combate ao racismo em Portugal: uma análise de políticas públicas e legislação antidiscriminação* (Maeso, 2020) mostra como 106 processos de contraordenação instaurados (2006-2016) por discriminação na área da educação, forças de segurança, habitação e vizinhança, foram na sua esmagadora maioria – na ordem dos 80% em cada uma das áreas – arquivados, 22% deles por prescrição. Somente 5,8% destes casos conduziram à condenação efetiva. Nos sete casos em que a condenação por discriminação racial deu lugar à multa, o valor da sanção foi, em média, 731 euros. Não só o arquivamento atinge valores assustadores, como em nenhuma das multas se ultrapassou o valor de dois salários-mínimos, quando se poderia ir até aos cinco.

Estes são números indicativos da inoperância do sistema legal e de justiça no combate ao racismo. Nos últimos anos, o número de queixas tem aumentado, com certeza por alterações processuais, por maior capacidade das vítimas em apresentar queixa, mas também porque as tensões étnico-raciais têm vindo a recrudescer no espaço público e cotidiano e porque tem aumentado a pressão dos movimentos sociais.

Sendo certo que as alterações legais de 2017 vieram permitir que a CICDR possa ser mais ágil, é preciso questionar, como sugerido pelo SOS Racismo (2016), se o combate legal ao racismo poderá ser efetivo, considerando que: 1) a CICDR não é um organismo independente, estando na tutela de outras estruturas do Estado; 2) não tem autonomia orçamental, nem uma estrutura administrativa e técnica própria; 3) a discriminação racial continua a não ser crime público (ao contrário do que acontece, por exemplo, com os casos de violência doméstica), estando reduzida a capacidade de dissuasão, de apoio às vítimas, mas também de valorização política e social do problema.

Se as queixas de discriminação racial dizem respeito, sobretudo, a situações de racismo no cotidiano, o combate ao racismo institucional, aquele que de forma mais profunda violenta e limita as oportunidades de vida das comunidades racializadas, necessita de um outro tipo de estratégia. No entanto, em Portugal, o discurso político e as medidas de política pública não reconhecem ainda o caráter institucionalizado e estrutural do racismo, reduzindo-o a uma questão moral, individual e intencional.

Contar o que conta: "daltonismo" nos censos

Ao contrário do que acontece no Brasil e noutros países, em que a recolha de dados étnico-raciais nos censos é um instrumento da maior importância para os movimentos sociais e para as instituições públicas monitorarem as desigualdades e formularem políticas, em Portugal, lamentavelmente, a recolha de dados étnico-raciais é um tabu. A Carta de 22 coletivos afrodescendentes e antirracistas à Comissão sobre Eliminação da Discriminação Racial da ONU em dezembro de 2016, que denunciava fortes desigualdades e reivindicava medidas de ação afirmativa, propunha a recolha de dados étnico-raciais nos Censos. Isso é também recomendado por várias organizações internacionais (Ecri, 2018) e sugerido nas orientações da Década Internacional dos Afrodescendentes (2015-2024).

Os dados étnico-raciais censitários permitiriam conhecer e melhor intervir sobre as desigualdades estruturais, mas também reconhecer politicamente a diversidade étnico-racial da população portuguesa. A opção política pela não recolha censitária "branqueia" o imaginário sobre quem somos e o racismo que atravessa a nossa sociedade. São poucos os instrumentos de política com equiparável poder para desconstruir o imaginário sobre a composição étnico-racial da população portuguesa e apontar prioridades do nosso projeto político coletivo. É que aquilo que se "conta" nos censos "conta" politicamente.

Não sabemos, portanto, quantas pessoas negras e ciganas existem em Portugal. Stephen Small (2017) estima que existam 150 mil pessoas negras, o que corresponderia a 1,5% da população total, um número subavaliado, mas ainda assim indicativo. Estima-se que a comunidade cigana conte com 40 a 60 mil pessoas, portanto, no máximo 0,6% da população e perto de metade do número de milionários em Portugal, 117 mil pessoas (Mendes *et al.*, 2014). Qualquer uma das estimativas é frágil por não recobrirem o universo dessas comunidades.

Durante algum tempo, a resposta institucional à reivindicação de uma recolha censitária de dados étnico-raciais passou por dizer que essa recolha era inconstitucional. Esse argumento foi sendo desmontado pelos movimentos sociais. Roldão *et al.* (2019) mostram como não só já existe recolha de dados igualmente sensíveis, de que é exemplo a pertença religiosa recolhida há muito nos censos, como existem levantamentos de dados étnico-raciais em diferentes instituições – hospitais, esquadras de polícia, escolas, centros de investigação etc. É preciso perguntar se nesses levantamentos, que se parte do princípio serem na maioria autorizados pela Comissão Nacional de Proteção de Dados (CNPD), são seguidas as recomendações internacionalmente estabelecidas sobre os procedimentos neste tipo recolha (Enar, 2015), autoclassificação, caráter voluntário e informado da resposta, anonimato dos dados, a possibilidade de os respondentes indicarem pertenças múltiplas, assim como a garantia de que essas coletas se revertam para políticas de combate às desigualdades étnico-raciais.

Para pensar a possibilidade de introdução desse tipo de questão nos censos, no final de 2017, o governo português, perante a pressão dos movimentos sociais e das instituições internacionais, criou o Grupo de Trabalho Censos 2021 – Questões étnico-raciais (GT).[5] Na composição inicial não estavam previstos representantes das comunidades racializadas e imigrantes, apenas representantes das instituições do Estado, acadêmicos da área das migrações e do racismo, representantes do Instituto Nacional de Estatística (INE) e um representante do movimento antirracista. Esta falta de representatividade só foi ultrapassada por pressão de coletivos afrodescendentes por meio de uma carta aberta – "Recolha de dados étnico-raciais sim, mas com quem, como e para quê?".[6]

O trabalho de mais de um ano de discussão e negociação no GT culminou em uma recomendação favorável à incorporação dessa questão nos Censos 2021 (Grupo de Trabalho Censos, 2021).

---

[5]   Despacho n. 7363/2018: Constituição do Grupo de Trabalho Censos 2021 – Questões Étnico-Raciais.

[6]   Recolha de dados étnico-raciais sim, mas com quem, como e para quê?, *Público*, 4 fev. 2018.

Apesar disso, o Conselho Superior de Estatística do INE, assim como o seu Conselho Diretivo, viriam a recusar a introdução da questão, mobilizando argumentos que ficarão para a história, como: constrangimentos de calendário; o risco de legitimação do racismo e usos discriminatórios dessa informação; a imprecisão da terminologia e categorias; a probabilidade de taxas de resposta baixas e não representatividade dos dados; o fato de a maioria dos países europeus não fazer este tipo de recolha nos censos. Para além disso, invocou-se que a pergunta sobre a origem étnico-racial era uma questão sensível e não consensual. A recente sondagem elaborada no âmbito do GT, por uma entidade externa (Cesop, 2019), mostra exatamente o contrário, que independentemente do grupo etário, nível de escolaridade, pertença étnico--racial, a esmagadora maioria da população considera relevante este levantamento (78%) e está disponível para responder a este tipo de questão nos Censos 2021 (84%). Aliás, no Eurobarômetro 2015, já a grande maioria dos inquiridos em Portugal se mostrava favorável à cedência de informação sobre a sua origem étnico-racial nos censos se isso contribuísse para combater a discriminação (70%), assim como à introdução de informação sobre a diversidade étnico-racial nos manuais escolares (76%). Estes resultados tinham também ficado evidentes, anos antes, no Eurobarômetro 2006.

Outro obstáculo prendeu-se com o posicionamento "contra" de alguns setores da comunidade cigana. Os seus receios têm por base a relação persecutória do Estado com as comunidades ciganas ao longo da história e isso não pode ser escamoteado. No entanto, a posição "a favor" também teve expressão na comunidade, com personalidades ciganas reconhecidas, mas sobretudo com as pessoas ciganas inquiridas no estudo do referido GT: 82% referem que estariam disponíveis para responder a uma questão nos Censos 2021 sobre a sua origem ou pertença étnico-racial, se lhes fossem garantido o anonimato e a resposta fosse voluntária.

Perdida a oportunidade, neste momento, a única forma de "medir" o racismo institucional e desigualdades étnico-raciais passa por mobilizar dados relativos à *nacionalidade* e *naturalidade*. Isso significa que a população negra com nacionalidade portuguesa fica invisível nas estatísticas, assim como a população negra com nacionalidade de países não africanos (como por exemplo, a população brasileira emigrada em Portugal). Dessa forma, os dados que a seguir apresentamos dizem respeito à população com nacionalidade de Países Africanos de Língua Oficial Portuguesa (Palop), portanto, de Angola, Cabo-Verde, Guiné-Bissau, Moçambique e São Tomé e Príncipe.

"E eu, sou preto, não?![7]": Desigualdades nas condições materiais de vida

Portugal é não só um dos países europeus no qual os níveis de pobreza são mais elevados como também um dos que apresenta maiores desigualdades entre ricos e pobres (Cantante, 2013). Nos últimos anos (2011-2017), o desemprego real tocou entre um quinto a um quarto da população ativa portuguesa (Cantante; Carmo, 2018). Entre aqueles que têm emprego, muitos estão em situação de precariedade laboral e sabemos que para os grupos racializados isso é ainda mais acentuado. Em 2016, Portugal era o terceiro país da União Europeia dentre os 28 países (UE28) com maior percentagem de trabalhadores em situação de contratação temporária (22,3% face a 14,2% no conjunto da UE28), com números gritantes no setor privado (um terço dos trabalhadores desse setor). Se isto é assim para a maioria da população, como será para a população negra e cigana?

Em 2011, os nacionais dos Palop, face à população de nacionalidade portuguesa, sofriam o dobro da taxa de desemprego (30%

---

[7] Expressão racista portuguesa utilizada para, com humor, protestar quanto ao fato de ser prejudicado em alguma questão. Um contexto em que a expressão é utilizada é quando alguém fica com um trabalho mais duro ou quando numa divisão de bens de diferente ordem se fica com a parte menor ou inferior. Independentemente da intenção, a expressão parte do pressuposto que é "natural" a discriminação de pessoas negras.

x 13%).[8] Sabe-se que estão mais sujeitos à precariedade laboral e a más condições de trabalho, sendo tendencialmente segregados em setores profissionais como a construção civil, serviços de limpeza, restauração e outros marcados pela dureza e desprestígio do trabalho. É por isso que estão três vezes mais nas profissões não qualificadas e recebem menos do que os seus pares de profissão com nacionalidade portuguesa (dados de 2009). Mesmo aqueles que estão no topo da estrutura socioprofissional tem, em média, salários inferiores aos profissionais com nacionalidade portuguesa.

Outros sinais incontornáveis das desigualdades nas condições de vida são as condições de habitação – em 2011, as pessoas com nacionalidade dos Palop residiam seis vezes mais em habitação não clássica(0,95% face a 0,15%)[9] – e o fato de que, em 2000-2007, os idosos nascidos nos Palop falecerem, em média, quatro anos mais cedo do que os nascidos em Portugal, 74 anos face a 78 (Machado; Roldão, 2010), uma diferença que deve ser entendida como resultante de vidas de trabalho de maior desgaste e com piores condições materiais.

"Um preto é sempre um suspeito":[10] racismo, segurança e justiça

O procurador Alípio Ribeiro (ex-dirigente da Polícia Judiciária), numa entrevista, diz que "há uma justiça para portugueses e uma justiça para estrangeiros, uma justiça para brancos e uma justiça para negros" (Henriques, 2018). A maior proatividade na sanção de sujeitos racializados decorre de aspectos como, por exemplo, o artigo 250 do Código de Processo Penal, que permite que pessoas

---

[8] Cálculos próprios a partir de informação estatística em Oliveira, C.; Gomes, N. (2014).

[9] Entende-se por habitação não clássica aquela que não satisfaz inteiramente as condições de um alojamento familiar digno pelo tipo e precariedade da sua construção, por ser móvel e improvisado, mas funcionar como residência familiar habitual (barracas, tendas, contentores, *roulottes*, abrigos naturais etc.).

[10] Frase dirigida a José Semedo Fernandes, jurista negro, quando em jovem foi abordado por um agente da polícia, em Henriques, 2017.

sobre as quais recaiam suspeitas de prática de crimes, de estarem em processo de extradição ou de expulsão ou de se encontrarem ilegalmente no país possam ser abordadas pela polícia. Ora, é preciso perguntar: que pessoas são, mais imediatamente, colocadas sob este tipo de suspeita? Como referia o conhecido advogado negro José Semedo Fernandes, para a polícia, "um preto é sempre um suspeito". Outro exemplo relaciona-se com o modo de intervenção policial consoante a classificação das áreas territoriais. A classificação Zonas Urbanas Sensíveis (ZUS), que tem como um dos critérios a composição "étnico-racial" dos territórios (Henriques, 2019), divide a urbe por zonas de perigosidade, promovendo o "perfilamento racial" (*racial profiling*) e criminalizando as populações e territórios racializados. Essa classificação autoriza um escrutínio policial mais recorrente, intrusivo e militarizado sobre os bairros e comunidades racializadas, suspendendo os direitos dos cidadãos. Esta classificação e forma de intervenção policial são também legitimadas pelo imaginário construído pelos meios de comunicação num processo evidente de racialização do crime e da periferia (Raposo *et al.*, 2019). Este conjunto de situações explica, em boa medida, o fato de as pessoas com nacionalidade dos Palop terem uma taxa de encarceramento dramaticamente superior à das pessoas de nacionalidade portuguesa. Em 2018, a taxa de encarceramento das pessoas com nacionalidade dos Palop era dez vezes maior (1.306,8 *vs.* 129,4 por 100 mil habitantes). Para além disso, para o mesmo tipo de crime, elas obtêm penas mais pesadas do que a população com nacionalidade portuguesa.

Este tipo de relação entre forças de segurança e populações racializadas é promotora de índices mais elevados de encarceramento da população negra e cigana, mas também maior violência policial sobre estas, como mostra, aliás, um recente relatório europeu.[11] A violência policial sobre a população negra há muito

---

[11] Relatório do Comité Europeu para a Prevenção da Tortura e das Penas ou Tratamento Desumanos ou Degradantes.

que é conhecida, mas a questão só entrou verdadeiramente para o debate público a partir de 2015, com o caso da esquadra de Alfragide (Amadora) e, depois disso, com o caso do bairro da Jamaica (Seixal) e, mais recentemente, com o caso de agressão de Cláudia Simões (Amadora). Antes já haviam sido conhecidos outros casos de violência policial sobre negros e ciganos e, entre eles, contam-se as mortes de Ângelo Semedo (Angoi, 17 anos, 2001); Manuel Pereira (Tony, 24 anos, 2002); Carlos Reis (PTB, 20 anos, 2003); José Carlos (Teti, 16 anos, 2004); Elson Sanches (Kuku, 14 anos, 2009); Nuno Rodrigues (Snake, 31 anos, 2010) e Diogo Borges (Musso, 16 anos, 2013). A morte de jovens negros pela polícia não gerou, até hoje, qualquer condenação com pena de prisão efetiva.

No dia 21 de janeiro de 2019, a seguir às agressões policiais no bairro da Jamaica, decorreu na avenida da Liberdade, local central e emblemático da cidade de Lisboa, a manifestação pacífica de centenas de jovens negros contra aquela brutalidade sistemática. A manifestação foi reprimida pela polícia à força de balas de borracha e três dos jovens foram acusados por tentativa de "motim". Um motim, dizem. Não há memória de, depois do 25 de abril, as forças de segurança usarem esse tipo de violência para controlar uma manifestação, mesmo quando manifestantes ousaram subir as escadas do Parlamento. Nesse mesmo dia de 21 de janeiro, no Facebook, Mamadou Ba, ativista negro do SOS Racismo, criticou a atuação da polícia usando a expressão "a bosta da bófia"[12] e foi cercado por uma avalancha de ataques racistas.

Manuel Morais, agente da Polícia de Segurança Pública (PSP), pronunciou-se publicamente sobre como a atuação dos agentes é atravessada por preconceitos racistas, como faz falta formação sobre essas questões e como as entidades responsáveis, mesmo perante alertas internacionais e dos movimentos sociais, têm

---

[12]   Bófia é uma expressão popular para designar a polícia, seja a instituição como um todo, seja um policial individualmente.

sido passivas perante a penetração de forças de extrema-direita no corpo da polícia (Marcelino, 2018). Manuel Morais foi quase imediatamente afastado do sindicato no qual era vice-presidente, a Associação Sindical de Profissionais de Polícia (ASPP), o maior sindicado da PSP, e nenhum alta-patente da polícia se solidarizou com ele publicamente.

A promiscuidade entre partidos de extrema-direita (Partido Nacional Renovador e Partido Chega), grupos neonazis e nacionalistas (Nova Ordem Social – NOS, Associação Portugueses Primeiro, Escudo Identitário, entre outros) e representantes de sindicatos de polícia é cada vez menos envergonhada. É sabido, há vários anos, que existem infiltrações de grupos neonazis nas estruturas da polícia, não só em Portugal. Várias páginas de internet ligadas a forças e agentes policiais fazem declarações desabridamente racistas (como as páginas Charlie Papa ou Carro de Patrulha).

"Havia uma mesa só de 'pretos', que eram [considerados] os burrinhos"[13]

O Programa Especial de Realojamento (PER), promulgado em 1993, foi uma política central na definição dos padrões segregativos nas grandes áreas urbanas em Portugal. Embora tenha dado resposta a parte dos problemas de salubridade dos bairros antigos (os ditos bairros de barracas), o realojamento significou também um extremar da segregação territorial, um afastamento das populações negras, ciganas e brancas pobres das zonas centrais, assim como a ruptura de laços comunitários e identitários (Borges, 2014; Cachado, 2013; Alves, 2013). O PER, ao contribuir para a segregação étnico-racial no espaço urbano, reforçou a racialização do imaginário coletivo sobre esses territórios, que surgem nos dis-

---

[13] Excerto de entrevista a estudante negro do ensino superior quando descrevia a sua turma do 1º ciclo. Em Cristina Roldão (2015).

cursos midiáticos e das instituições como "bairros problemáticos", "críticos", de "intervenção prioritária", "barris de pólvora" etc.

Esses processos interferem nas dinâmicas do "mercado escolar", designadamente, nas estratégias de admissão das escolas, na atração/repulsão de professores mais qualificados, nas estratégias de procura residencial e escolar das famílias brancas de classe média (Araújo, 2016; Abrantes *et al*., 2016). Os vários casos de escolas e turmas frequentadas quase exclusivamente por alunos ciganos são paradigmáticos deste tipo de processo.

Empurrados para a periferia, os estudantes negros estão praticamente condenados a frequentar escolas guetizadas e nas quais o horizonte de expectativas são os cursos profissionalizantes. Dos alunos de nacionalidade dos Palop que chegam ao ensino secundário (correspondente ao ensino médio no Brasil) são poucos os matriculados no ensino regular, via privilegiada de preparação ao acesso ao ensino superior. A esmagadora maioria frequenta cursos profissionalizantes (78% *vs*. 43% em 2013/2014). Isso, mais os obstáculos diretos no acesso ao ensino superior (taxa de matrícula, exames nacionais e *numerus clausus*, despesas associadas à frequência desse nível de ensino etc.), explicam o fato de os jovens afrodescendentes acederem tão pouco a esse nível de ensino (16% *vs*. 34% dos portugueses, em 2011) (Seabra, 2016).

Mais do que as vontades individuais de alunos, famílias, professores e outros, é a segregação territorial que induz à super-representação dos alunos negros nas vias profissionalizantes, assim como contribui para o insucesso escolar experienciado por muitos afrodescendentes. As crianças de nacionalidade dos Palop, por exemplo, sofrem três vezes mais reprovações no 1º ciclo (equivalente à primeira fase do ensino fundamental brasileiro) do que aquelas que têm nacionalidade portuguesa (16% *vs*. 5% em 2013/2014). A reprovação, marca estigmatizante, contribui para que as crianças e jovens tenham uma relação distanciada, quando não conflitual, com a escola, mas a reprovação condiciona também o modo como a escola se relaciona com estes alunos. Pesando como um "cadastro", a reprovação funciona como (mais) um marcador social do estatuto desvalorizado destes alunos nas hierarquias escolares, contribuindo para a sua marginalização progressiva no seu percurso pelo interior da instituição escolar (turmas, horários, currículos, escolas etc.).

"Em África estabelecem-se contatos comerciais marcados por relações amigáveis e pacíficas":[14] Manuais escolares, educação intercultural e colonialidade

O projeto de investigação "Raça e África em Portugal: um estudo sobre manuais escolares de história" (2008-2012) (Araújo, 2010), mostra como a história da escravatura transatlântica e colonial é apresentada de forma despolitizada, sem referência aos processos de resistência dos povos escravizados e colonizados, ou às suas formas de organização política, social, cultural e econômica. A participação de Portugal, entre o século XVI e XIX, no tráfico transatlântico de pessoas escravizadas tende a ser relativizada, não se sinalizando o papel dianteiro e a participação intensa e longa de Portugal neste tráfico quando comparado com outras potências europeias. Aliás, não é raro que nos manuais escolares, para discutir a colonização e a escravatura no Brasil, se convoque acriticamente o humanismo de Padre António Vieira e se apague por completo o Quilombo do Palmares e Zumbi.

É também enorme o silêncio sobre a complexidade, durabilidade e violência das chamadas "campanhas de pacificação e ocupação" na África (final do século XIX e início do século XX) ou o regime legalmente racista do Estatuto do Indigenato, que legitimou o trabalho forçado, a segregação e o imaginário da inferioridade racial até a década de 1960 em Angola, Guiné-Bissau e Moçambique. Perdura um olhar lusotropicalista que glorifica o

---

[14] Manual de apoio às provas de aferição de História e Geografia do 5º ano, Porto Editora.

império colonial português – a palavra "descobrimentos" é ainda corrente nos nossos manuais escolares – e que o apresenta com benevolência. Quando os manuais tratam de racismo associam--no ao *Apartheid* na África do Sul, ao Holocausto ou à luta pelos direitos civis nos EUA. O colonialismo português nada parece ter que ver com esse assunto.

Está ausente nos manuais escolares de história a longa presença negra e cigana no território português. Os afrodescendentes no Portugal de hoje fazem parte de uma diáspora formada desde a segunda metade do século XX, portanto, da última fase do império e, sobretudo, do período pós-colonial. Contudo, a presença negra em Portugal é centenária. Seja por via da expansão muçulmana na Península Ibérica (entre o século VIII e XII) e respectivos deslocamentos de população do norte de África para o território que veio a ser Portugal; sejam os afro-portugueses que constituíram as confrarias e irmandades negras no Portugal escravocrata (séculos XV-XIX) (Tinhorão, 1988; Lahon, 1999), no qual se destacou Paulino José da Conceição (Pai Paulino), negro brasileiro que foi um importante defensor dos direitos dos negros em Portugal; sejam os intelectuais negros que durante a Primeira República (1910-1926) irão criar inúmeros jornais, associações e uma crítica contundente ao colonialismo português (Andrade, 1997; Varela; Pereira, 2020); seja ainda o movimento negro-africano que, tendo como berço a cidade de Lisboa – Casa dos Estudantes do Império, 1944-1965 (Mata, 2015; Castelo; Jerônimo, 2017) e Clube Marítimo dos Africanos, 1954 (Zau, 2005) – e relações estreitas com o movimento negritude de Aimé Césaire e de Léopold Senghor, irá levar a cabo a luta anticolonial armada em Angola, Guiné--Bissau e Moçambique (1961-1974). O mesmo silêncio acontece às comunidades ciganas que, até hoje, passados mais de 500 anos desde a sua chegada à Península Ibérica, são entendidas como corpo alienígena e não desejado na sociedade portuguesa.

A educação intercultural, abordagem que tem sido defendida no sistema educativo português para lidar com a diversidade étnica, tem-se revelado pouco crítica das relações históricas e de poder que estão na base da discriminação. Ao apresentar a discriminação étnico-racial como um fruto da ignorância, da falta de tolerância de alguns, dos contrastes culturais entre grupos, e não de uma história colonial que é pilar da identidade nacional, a educação intercultural não rompe, senão mesmo reproduz, o imaginário lusotropicalista (Araújo, 2018).

Não é possível vencer o racismo enquanto não desamarrarmos estes nós da memória.

Representatividade étnico-racial, racismo e desigualdades étnico-raciais na política

A capacidade de mobilização do movimento antirracista português, liderado cada vez mais por pessoas e coletivos racializados, levou a que, nas eleições legislativas de 2019, partidos de esquerda tivessem eleito três mulheres negras com percurso no movimento associativo antirracista e imigrante: Beatriz Gomes Dias, Joacine Katar Moreira e Romualda Fernandes. Se esta abertura à representatividade étnico-racial dos partidos deve ser lida como uma conquista democrática dos movimentos sociais é preciso, por isso mesmo, analisá-la.

Uma primeira nota tem a ver com o fato de, sendo algo novo, não o é totalmente. Na década de 1990, no auge do movimento imigrante, tivemos um processo semelhante. Sem contar com os candidatos em eleições autárquicas,[15] foram deputados de partidos de esquerda, Fernando Ká e Manuel Correia (1991-1995), mas também, embora nem sempre lida como mulher negra, Celeste Correia (1995-2011 e 2014-2015). Em 1995, nas eleições euro-

---

[15] A título de exemplo, no concelho de Amadora, um dos municípios com maior presença africana de Portugal, tivemos como cabeças de lista a eleições autárquicas Francisco Pereira, pelo Movimento de Intervenção e Cidadania por Amadora (MICA) (2009), e Mário Carvalho, pelo movimento Nós, Cidadãos (2017). Em Torres Vedras, Carlos Miguel, homem cigano, foi presidente de Câmara durante uma década (2004-2015).

peias, tivemos pela primeira vez uma mulher negra como cabeça de lista – Helena Lopes da Silva. Após essa fase, voltou-se a um longo período de ausência de candidatos negros à esquerda, até muito recentemente.

Nos partidos de direita contam-se alguns deputados racializados, mas a sua presença é menos alavancada pelos movimentos sociais. É o caso de Narana Coissoró (que atravessa as décadas de 1970 a finais de 1990), Hélder Amaral (cerca de 20 anos de participação como deputado na Assembleia da República, 2002-2019) e Nilza de Sena (entre 2011 e 2019). Para além disso, existem exemplos de pessoas racializadas na governança, caso de António Costa (primeiro-ministro), Nelson de Souza (ministro do Planejamento), Francisca Van Dunem (ministra da Justiça) e Carlos Miguel (secretário de Estado Adjunto e do Desenvolvimento Regional). Somente os dois últimos convocam a sua pertença étnico-racial no espaço público, mas do ponto de vista das suas medidas políticas, a questão racial tem pouco destaque.

Estes exemplos permitem-nos tirar algumas ilações para o futuro. A primeira e mais gritante é o reduzido número de candidatos e políticos racializados, sobretudo, da comunidade cigana. A segunda é que, quando pessoas racializadas representam explicitamente interesses das comunidades imigrantes e das minorias racializadas, a sua presença no espaço político tende a ser curta, desaparecendo assim que as propostas dos movimentos sociais que representavam são "facilmente" cooptadas pelas estruturas políticas, o que nos deve alertar para os riscos de instrumentalização da representatividade na esfera política.

Em contrapartida, fica evidente que, sobretudo nos casos de maior duração, a participação política de pessoas racializadas se fez muitas vezes de modo daltônico. Não estando associada a um programa político explícito de inclusão étnico-racial, a representatividade fica diminuída na sua capacidade de produzir mudança, para além de dar respaldo à narrativa meritocrática. É preciso que a representatividade se ancore num programa político para a inclusão étnico-racial de longo prazo, com propostas como o alargamento do direito de voto aos imigrantes e de cotas étnico-raciais na política (das eleições europeias às autárquicas), administração pública e ensino superior que abranjam a população negra, cigana e de outras origens.

Notas finais

Iniciamos este capítulo com uma resposta às críticas que têm sido feitas à "política identitária" dos movimentos antirracistas, procurando desconstruí-las a partir das contradições internas dessas mesmas críticas e de uma brevíssima contextualização histórica da expressão "políticas de identidade". Para rebater esse falso debate fizemos também um retrato da situação real do racismo e desigualdades étnico-raciais, embora sem a pretensão de exaustividade. Os dados apresentados, assim como as reivindicações e propostas desses movimentos sociais, mostram que o antirracismo é não só um "movimento identitário", de reconhecimento, mas também de redistribuição. Finalizamos este texto com uma sistematização de algumas das principais reivindicações do movimento negro, expressas em documentos como a Carta de 22 coletivos afrodescendentes e antirracistas à CERD/ONU (2016), a Campanha *Por Outra Lei da Nacionalidade* (2017-2018), e a carta aberta *Não a um museu contra nós!* (2018).

1. direito à cidadania. Urge passar para um regime de *jus solis,* em que todos os nascidos em Portugal possam, independentemente do estatuto dos seus progenitores e com efeitos retroativos, ter direito à nacionalidade portuguesa. Acrescente-se a necessidade do reconhecimento do direito de voto dos imigrantes (das eleições europeias às autárquicas) e de cotas étnico-raciais, como medida transitória e com ponderação de gênero e classe social, nas listas dos diferentes tipos de eleições;
2. direito ao trabalho. Implementação de cotas étnico-raciais no acesso à administração pública, como medida tran-

sitória e com ponderação de gênero e classe social, assim como de medidas específicas de combate ao desemprego, à precariedade laboral e às más condições de trabalho, sobretudo em setores profissionais desproporcionalmente racializados e genderizados (serviços de limpeza e cuidado de idosos, restauração, construção civil, agricultura etc.);

3. direito à habitação. Garantia de condições de dignidade residencial que responda à precariedade das construções habitacionais, à guetização residencial produzida pelo PER e às demolições sem resposta habitacional nas comunidades afrodescendentes e ciganas;

4. direito à saúde. Podendo-se depreender que as comunidades racializadas apresentam, em termos relativos, piores condições de saúde e de acesso à saúde, é necessário conhecer e intervir em relação aos problemas específicos e desigualdades que atingem doentes e acompanhantes racializados neste domínio, assim como investir na introdução de mediadores socioculturais nesses serviços;

5. direito à justiça e à segurança. Acabar com a categorização Zonas Urbanas Sensíveis (ZUS), que legitima a intervenção policial ostensiva nos bairros racializados, o perfilamento racial e territorial, reproduzindo discriminações e desigualdades étnico-raciais. É também necessário que seja alterada a forma como a justiça tem respondido às queixas de discriminação étnico-racial: passando a discriminação para o estatuto de crime público; constituindo espaços de reflexão e um patrimônio de jurisprudência; reforçando a representatividade étnico-racial no aparelho judicial; fiscalizando de forma consequente o andamento e decisão nestes processos; dotando a Comissão para a Igualdade e Contra a Discriminação Racial (CICDR) de independência e recursos necessários à condução eficaz das suas funções. Em contrapartida, impõe-se a implementação de medidas estruturais que permitam a

184 CRISTINA ROLDÃO

redução da desigualdade étnico-racial nas taxas de encarceramento, na duração das penas e nas condições de vida dentro das prisões. Por fim, é imperativo o combate à infiltração de grupos neonazis, racistas e xenófobos nas forças de segurança e nos seus movimentos sindicais;

6. direito à educação. Há necessidade de intervenção imediata nos fenômenos de segregação escolar, por escolas e turmas; reforço da mediação sociocultural nas escolas; descolonizar os manuais escolares, a formação de professores e a abordagem à educação intercultural; promover políticas de inclusão linguística que, para além do apoio na aprendizagem do Português (PLNM), invistam no ensino e valorização das línguas maternas de todos os estudantes; cotas étnico--raciais, como medida transitória e com ponderação de gênero e classe social, no acesso ao ensino superior; e, por fim, a integração da dimensão racial em todos os programas de promoção da igualdade na educação;

7. direito das famílias. É importante reforçar o apoio às comunidades racializadas na dimensão dos cuidados à família, garantindo: a universalidade, gratuidade e reforço da rede pré-escolar, Atividades de Tempos Livres (ATL); estruturas e serviços de apoio a idosos na periferia das áreas metropolitanas. Interessa conhecer também como o direito das famílias se tem articulado com a dimensão racial no que diz respeito às medidas de promoção e proteção de crianças e jovens, como as decisões judiciais sobre a guarda de crianças e o acompanhamento de famílias sinalizadas pelo Estado;

8. direito à memória. Cabe dar resposta às necessidades de memorialização e produção histórica que abranjam a história das comunidades racializadas e que façam uma leitura crítica da narrativa glorificadora e lusotropicalista da colonização portuguesa. Do "Memorial de Homenagem às Pessoas Escravizadas", ainda em construção, aos

acesos debates sobre a possibilidade de construção de um "museu das descobertas" em Lisboa, à estátua do Padre António Vieira erigida em pleno século XXI, à discussão sobre a descolonização dos espaços museológicos e dos manuais escolares, o debate sobre a descolonização da memória é central para a constituição de um contexto cultural de maior abertura e sustentabilidade das políticas do combate ao racismo e desigualdades étnico-raciais.

Qualquer uma destas propostas implica o reconhecimento do racismo e das desigualdades étnico-raciais (nas suas diferentes dimensões: cotidiana, institucional e estrutural) como um obstáculo aos princípios da Democracia, precisando para isso abandonar a abordagem daltônica e implementar um sistema de monitorização que inclua a recolha de dados étnico-raciais nos censos e, complementarmente, estudos e recolhas setoriais. Para além do reconhecimento, é necessária proatividade nas políticas de redistribuição e representação. Nenhuma das propostas referidas colide com princípios que o próprio Estado português já reconhece para si, seja por via da sua Constituição, seja como signatário de acordos internacionais como a Declaração Direitos Humanos ou a Década Internacional dos Afrodescendentes (2015-2024). Não há também grande novidade nas políticas de paridade e de criação de contingentes especiais ou cotas no acesso ao ensino superior, função pública e na política. E aqui como noutras coisas, muito se tem a aprender com as lutas pela igualdade étnico-racial no Brasil.

Referências

ABRANTES, Pedro; ROLDÃO, Cristina. The (mis)education of African descendants in Portugal: towards Vocational traps?. *Portuguese Journal of Social Science*, v. 18, n. 1, p. 27-55, 2016.

ABRANTES, Pedro *et al.* A escola dos ciganos: contributos para a compreensão do insucesso e da segregação escolar a partir de um estudo de caso. *Configurações*, vol. 18, p. 47-66, 2016.

186 CRISTINA ROLDÃO

ALBUQUERQUE, Rosana. Um olhar sobre a participação das mulheres em associações de imigrantes. *In*: SOS RACISMO (ed.). *Imigração e etnicidade:* vivências e trajetórias de mulheres em Portugal. Lisboa: SOS Racismo, 2005.

ALVES, Ana Rita Lopes. *Para uma compreensão da segregação residencial:* o Plano Especial de Realojamento e o (Anti)Racismo. Dissertação de Mestrado em Antropologia, FCSH-UNL, Lisboa, 2013.

ALVES, Ana Rita. (Pré)Textos e Contextos: Media, Periferia e Racialização. *Revista de Ciências Sociais Política & Trabalho*, v. 44, p. 27-55, 2016.

ANDRADE, Mário Pinto de. *Origens do nacionalismo africano:* Continuidade e ruptura nos movimentos unitários emergentes da luta contra a dominação colonial portuguesa 1911-1961. Lisboa: Dom Quixote, 1997.

ARAÚJO, Marta; MAESO, Sílvia. Explorando o Eurocentrismo nos manuais escolares de História Portugueses. *Estudos de Sociologia*, v. 15, n. 28, p. 239-270, 2010.

ARAÚJO, Marta. A very prudent integration: White flight, school segregation and the depoliticization of (anti-)racism. *Race Ethnicity and Education*, v. 19, n. 2, p. 300-323, 2016.

ARAÚJO, Marta. As narrativas da indústria da interculturalidade: Desafios para a educação e as lutas antirracistas. *Investigar em Educação – Revista da Sociedade Portuguesa de Ciências da Educação*, Série n. 2, n. 7, p. 9-35, 2018.

BAIRROS, Luiza. *Mulher negra: O reforço da subordinação. In*: LOVELL, Peggy (ed.). *Desigualdade racial no Brasil contemporâneo.* Belo Horizonte: MGSR, 1991.

BEAUVOIR, Simone. *O segundo sexo.* vol. 1. Lisboa: Quetzal Editores, 2015.

BORGES, Sónia Vaz. *Na Po Di Spéra* – percursos nos bairros da Estrada Militar, de Santa Filomena e da Encosta Nascente. Parede: Principia Editora, 2014.

BORGES, Sónia Vaz. *Militant Education, Liberation Struggle, Consciousness:* The PAIGC education in Guinea Bissau 1963-1978. Peter Lang, 2019.

CABRAL, Amílcar. *Alguns princípios do partido, unidade e luta.* Lisboa: Seara Nova, 1974.

CACHADO, Rita d'Ávila. O Programa Especial de Realojamento: Ambiente Histórico, Político e Social. *Análise Social*, vol. 48, n. 206, p. 134-152, 2013.

CALDWELL, Kia Lilly. Fronteiras da diferença: raça e mulher no Brasil. *Revista Estudos Feministas*, v. 8, n. 2, p. 91-108, 2000.

CAMPOS, Ângela, *Discurso de Salazar: "Para Angola, rapidamente e em força" (1961)*. *In*: CARDINA, Miguel; MARTINS, Bruno Sena. *As voltas do passado*: a guerra colonial e as lutas de libertação. Lisboa: Tinta-da-China, 2018.

CANTANTE, Frederico. A base e o topo da distribuição do rendimento em Portugal. *In: Desigualdades Sociais: Portugal e a Europa*. Lisboa: 2013.

CANTANTE, Frederico; Carmo, Renato Miguel do. Emprego e desemprego em Portugal: tendências recentes e perfis. *In: Desigualdades Sociais: Portugal e a Europa*. Lisboa: Mundos Sociais, 2018.

CARNEIRO, Sueli; SANTOS, Thereza, *Mulher Negra*, São Paulo, Nobel/Conselho Estadual da Condição Feminina, 1985.

CARNEIRO, Sueli. *Enegrecer o feminismo: a situação da mulher negra na América Latina a partir de uma perspectiva de gênero, 2003*. Disponível em: https://www.geledes.org.br/enegrecer-o-feminismo-situacao-da-mulher-negra-na-america-latina-partir-de-uma--perspectiva-de-genero. Acesso em: 2 jun. 2021.

CARNEIRO, Sueli. Entrevista. *Revista Caros Amigos*, n. 35, fev. 2000.

CASTELO, Cláudia; JERÓNIMO, Miguel Bandeira, *Casa dos Estudantes do Império*: Dinâmicas coloniais, conexões internacionais. Lisboa: Edições 70, 2017.

CASTELO, Cláudia. *O modo português de estar no mundo*: o luso-tropicalismo e a ideologia colonial portuguesa. Porto: Edições Afrontamento, 1998.

CASTELO, Cláudia. *Passagens para África*: o povoamento de Angola e Moçambique com naturais da Metrópole. Porto: Edições Afrontamento, 2007.

CÉSAIRE, Aimé. *Lettre de Aimé Césaire, Député de la Martinique, à Maurice Thorez, secrétaire général du Parti Communiste Français*, 1956.

CESOP. Estudo/sondagem sobre a pertinência da recolha de informação estatística de base étnico-racial em Portugal e da adequação da classificação étnico-racial – Censos 2021, CESOP – Universidade Católica Portuguesa, 2019.

DAVIES, Carole Boyce. *Left of Karl Marx:* The Political Life of Black Communist Claudia Jones. Durham: Duke University Press, 2008.

DAVIS, Angela, *Woman, Race & Class*. United Kingdom: The Woman's Press, 1981.

DU BOIS, W.E.B. *Black Reconstruction in America, 1860-1880*. Nova Iorque: The Free Press, 1998.

DURÃO, Susana. *Patrulha e proximidade: uma etnografia da polícia em Lisboa*. Lisboa: Almedina, 2008.

ECRI, Relatório da ECRI sobre Portugal (quinto ciclo de controlo), Bruxelas: Conselho da Europa, 2018.

ECRI, Relatório sobre Portugal, Comissão Europeia contra o Racismo e a Intolerância, 2018.

ECRI. "Ethnic" statistics and data protection in the Council of Europe countries, Conselho da Europa, 2007.

ENAR. *Equality data collection*: Facts and Principles. European Network Against Racism, 2015.

EUROBAROMETER. Discrimination in the EU in 2015. Special. v. 437, n. 1, 2016.

FANON, Frantz. *Pele negra, máscaras brancas*. Porto: Edição Paisagem, 1975.

FUNDAMENTAL RIGHTS REPORT (FRA). European Union Minorities and Discrimination Survey II, European Union Agency for Fundamental Rights, 2016.

FUNDAMENTAL RIGHTS REPORT (FRA). Being Black in the EU - Second European Union Minorities and Discrimination Survey, European Union Agency for Fundamental Rights, 2018.

FUNDAMENTAL RIGHTS REPORT (FRA). Fundamental Rights Report 2018; CERD/ONU (2017), Concluding observations on the fifteenth to seventeenth periodic reports of Portugal, 2018.

CRÉDIT SUISSE. Global Wealth Report 2019. Disponível em: https://www.credit-suisse.com/media/assets/corporate/docs/about-us/research/publications/global-wealth-report-2019-en.pdf. Acesso: 7 maio 2021.

GONZALEZ, Lélia. Por um feminismo afro-latino-americano. *Revista Isis Internacional*, n. 9, p. 133-141, 1988.

GONZALEZ, Lélia. A mulher negra na sociedade brasileira. *In*: MADEL, T. Luz (ed.). *O lugar da mulher*. Rio de Janeiro: Graal, 1982.

GONZALEZ, Lélia. Racismo e sexismo na cultura brasileira. *Revista Ciências Sociais Hoje*, Anpocs, p. 223-244,1984.

GRUPO DE TRABALHO (GT) CENSOS 2021 – QUESTÕES "ÉTNICO-RACIAIS". Sumário do trabalho. Disponível em: https://www.acm.gov.pt/documents/10181/167771/Sum%C3%A1rio+Trabalho+GT+Censos+2021+Quest%C3%B5es+%C3%89tnico-raciais.pdf/6ba40214-9a39-4a88-96b4-5c2919da14d9. Acesso: 7 maio 2021.

HENRIQUES, Joana Gorjão. "PSP usa critérios étnicos para avaliar risco de zonas urbanas sensíveis", *Público*, 18 fev. 2019.

HENRIQUES, Joana Gorjão. Quando era miúdo um polícia disse-me: "um preto é sempre suspeito", *Público*, 19 ago. 2017.

HENRIQUES, Joana Gorjão. *Racismo no país dos brancos costumes*. Lisboa: Tinta-da-China, 2018.

HOOKS, bell. *Não serei eu mulher?* As mulheres negras e o feminismo, Lisboa: Orfeu Negro, 2018.

KILOMBA, Grada. *Memórias da plantação:* Episódios de racismo quotidiano. Lisboa: Orfeu Negro, 2019.

LAHON, Didier. *O negro no coração do Império*. Lisboa: Ed. Ministério da Educação, 1999.

LOWE, Lisa. Angela Davis: Reflections on race, class and gender in the USA. *In*: LOWE, Lisa. LLOYD, David (eds.). *The Politics of Culture in the Shadow of Capital*. Durham & Londreson: Duke University Press, 1997.

MACHADO, Fernando Luís; ROLDÃO, Cristina. *Imigrantes idosos:* uma nova face da imigração em Portugal. Lisboa: ACIDI, 2010.

MAESO, Silvia Rodríguez *et al.* (coord). *O Estado do racismo em Portugal:* a legislação de combate à discriminação racial em debate. Lisboa: Museu do Aljube - Resistência e Liberdade, 2020.

MARCELINO, Valentina. Há polícias racistas e xenófobos e as organizações nada fazem. *Diário de Notícias*, 21 maio 2018.

MARTINS, Bruno Sena. Fundação da Associação dos Deficientes das Forças Armadas. *In*: CARDINA, Miguel; MARTINS, Bruno Sena. *As voltas do passado:* A Guerra Colonial e as Lutas de Libertação. Lisboa: Tinta-da-China, 2018.

MARX, K. Marx to Sigfrid Meyer and August Vogt in New York, 1870. *In*: MARX, Karl; ENGELS, Friedrich. *Selected correspondence*. Moscow: Progress Publishers, 1965.

MATA, Inocência, *A Casa dos Estudantes do Império e o lugar da literatura na consciencialização política*, Lisboa, UCCLA, 2015.

MENDES, Manuela *et al.* Estudo Nacional sobre as Comunidades Ciganas. OBCIG/ACM, 2014.

MENESES, Maria Paula. O "indígena" africano e o colono "europeu": a constituição da diferença por processos legais. *Cadernos CES (on-line)*, n. 7, p. 68-93, 2010.

MENESES, Maria Paula. Mulheres insubmissas? Mudanças e conflitos no norte de Moçambique. *Ex Aqueo*, n. 17, p. 71-87, 2008.

MONTEIRO, José Pedro. *Portugal e a questão do trabalho forçado.* Um império sob escrutínio (1944-1962). Lisboa: Edições 70, 2018.

MOREIRA, Nubia. *A organização das feministas negras no Brasil.* Vitória da Conquista (BA): Edições UESB, 2011.

NETO, Maria da Conceição. Ideologias, contradições e mistificações da colonização de Angola no século XX. *Lusotopie*, n. 4, p. 327-359, 1997.

OLIVEIRA, Catarina; GOMES, Natália. *Monitorizar a integração de imigrantes em Portugal*: relatório estatístico decenal, Lisboa: Observatório das Migrações/ACM, 2014.

PAREDES, Margarida. *Combater duas vezes. Mulheres na Luta Armada em Angola*, Verso da História, 2015.

PIRES, Rui Pena *et al. Os retornados:* Um estudo sociográfico. Lisboa: IED, 1984.

RAPOSO, Otávio *et al.* "Negro drama". Racismo, segregação e violência policial nas periferias de Lisboa. *Revista Crítica de Ciências Sociais*, n. 119, p. 5-28, 2019.

RIBEIRO, Djamila. *Lugar de Fala.* Belo Horizonte: Letramento, 2017.

ROBINSON, Cedric J. *Black Marxism:* The Making of the Black Radical Tradition. Chapel Hill: University of North Carolina Press, 1983.

RODNEY, Walter. *How Europe Underdeveloped Africa.* London: Bogle-L' Ouverture Publications, 1972.

ROLDÃO, Cristina. Fatores e perfis de sucesso escolar "inesperado": trajetos de contratendência de jovens das classes populares e de origem africana, Tese de Doutoramento em Sociologia, Lisboa: ISCTE-IUL.

ROLDÃO, Cristina *et al.* Recolha de dados étnico-raciais nos Censos 2021: um passo à frente no combate ao racismo. *Jornal Público*, 16 abr. 2019.

ROSAS, Fernando. Quem Manda?. *In: O Estado Novo, História de Portugal.* v. VII. Lisboa: Editorial Estampa, 1998.

ROSAS, Fernando. *História a História – África*, Lisboa: Tinta-da--China, 2018.

SANTOS, Boaventura Sousa. Estado e sociedade na semiperiferia do sistema mundial: o caso português. *Análise Social*, n. 87/88/89, p. 869-901, 1985.

SEABRA, Teresa *et al. Caminhos escolares de jovens africanos (PALOP) que acedem ao ensino superior.* Lisboa: Observatório da Imigração/ACM, 2016.

SMALL, Stephen. *20 Questions and answers on Black Europe.* Amrit Consultancy, 2017.

TAYLOR, Keeanga-Yamahtta. *How we get free:* Black Feminism and the Combahee River Collective. Chicago: Haymarket, 2017.

TINHORÃO, José Ramos. *Os Negros em Portugal – Uma presença silenciosa.* Lisboa: Caminho, 1988.

UNITED NATIONS (UN). *Principles and Recommendations for Population and Housing Censuses*, 2017.

VALA, Jorge; PEREIRA, Cícero. Racisms and normative pressures: a new outbreak of biological racism? *In*: LOBO, Marina Costa *et al. Changing societies:* legacies and challenges. Citizenship in crisis. v. 2. Lisboa: Imprensa de Ciências Sociais, 2018. p. 217-248.

VARELA, Pedro; PEREIRA, José. As origens do movimento negro em Portugal (1911-1933): uma geração pan-africanista e antirracista. *Revista de História da USP*, n. 179, p. 1-36, 2020.

VICENTE, Filipa Lowndes. "Rosita" e o império como objecto de desejo. *Público*, 25 ago. 2013.

WALLERSTEIN, Immanuel. *The Modern World System:* capitalist agriculture and the origins of the European World Economy in the Sixteenth Century. New York: Academic Press, 2011.

ZAU, Filipe. *Marítimos Africanos e um Clube com História.* Lisboa: Paralelo Editora, 2005.

Conclusão: Das políticas de identidades às identidades da política

Andrea Peniche, Bruno Sena Martins, Cristina Roldão, Francisco Louçã

Desde a crise financeira de 2007-2008 e da recessão que se lhe seguiu, ambas provocadas pela ganância infinita de uma finança que não hesita perante o crime, e que a direita tem ganho a batalha, houve vários grandes movimentos sociais e políticos globais de sinais políticos opostos e, se comparamos o seu impacto, houve nos Estados Unidos um que recuou (Occupy Wall Street) e outro que triunfou e se ramificou (o Tea Party). Outros tiveram destinos distintos, como o movimento alterglobalização do início do século, as revoltas de Pots and Pans contra a criminalidade financeira na Islândia, em 2008, a Primavera Árabe de 2010, a ocupação do centro de Madrid com a mobilização de 15 de maio de 2011, as concentrações no Parque Gezi em Istambul em 2013, o movimento Black Lives Matter iniciado em 2013 e relançado em 2020, as greves feministas desde o 8 de março de 2017, as greves climáticas desde 2019 e um movimento incessante no Brasil contra a política de Bolsonaro. Alguns destes movimentos são novos protagonistas sociais e políticos e vão continuar conosco e até determinar as nossas vidas. Por isso, é fundamental conhecê-los e questionarmo-nos sobre que respostas se têm desenvolvido no campo das esquerdas e o que está por fazer que mobilize as forças sociais subalternas no mundo capitalista pós-colonial e num quadro de reconfiguração perigosa da direita. Vimos em capítulos anteriores respostas diferentes a essas questões. Vimos também como as várias gerações do feminismo e do antirracismo foram pondo em causa a estrutura patriarcal e racial do capitalismo. Resumimos apaixonados debates políticos entre esquerdas e direitas, e dentro das esquerdas, sobre classe, gênero e raça. Vamos agora juntar essas pistas.

A identidade exclusiva, como reconhecimento da semelhança e como marginalização do Outro, de quem é diferente, é o campo da direita. É a mais agressiva das políticas identitárias, a dos vencedores ou dos que aspiram a juntar-se-lhes. Reconhece algumas identidades e despreza outras. O mecanismo de seleção está inscrito no patriarcado (as mulheres são subordinadas) ou na história colonial (os povos não caucasianos são inferiores), ou ainda na desigualdade social (os pobres são os fracassados), ou, frequentemente, na religião (como forma de inclusão de uns e exclusão de outros). Por exemplo, evoca tipicamente uma memória histórica imperial, que romantiza um passado que prometeria grandeza e fulgor.

As direitas reclamam-se abertamente dessas tradições: Bolsonaro reivindica a ditadura civil-militar brasileira, Abascal evoca a guerra civil espanhola, Le Pen lembra a história colonial da IV República francesa. Não são todas iguais e a história recente até provou que estas identidades referenciais da direita podem ser transferidas: foi o caso do movimento neofascista italiano, o MSI, herdeiro da República de Saló, que derivou para uma direita clássica à medida que era integrado na coligação de Berlusconi, ao passo que a Lega Norte, um movimento regionalista, se foi deslocando para a extrema-direita, com a qual tinha originalmente menos relações (Traverso, 2019). Em Portugal, o orgulho nas chamadas "descobertas além-mar" continua a ser um pilar de uma ideia de nacionalidade, baseado numa gramática colonial lusotropical generalizada, mas a isso se tem juntado, ainda que com pouca expressão política, um discurso nostálgico da ditadura, com invocações a Salazar, mas também a discriminação das comunidades ciganas e a criminalização da juventude negra. No entanto, apesar das diferenças e mutações, faz parte da técnica de enunciação de todos estes movimentos supremacistas a reivindicação do passado, nalguns casos fascista ou repressivo, noutros colonial, ultramontanos em diversas versões e obediências religiosas (por exemplo, Olavo de Carvalho, o ideólogo de Bolsonaro, ou a Teologia da Prosperidade, tratada em capítulo anterior), em todos eles constituindo um lugar de culto dos valores das classes dominantes. A direita de sucesso dos dias de hoje assenta as suas raízes num identitarismo do poder, ou seja, reivindica-se de identidades opressivas.

Ao longo da segunda metade do século XX e sobretudo no período em que a expansão do neoliberalismo e a sua hegemonia política organizou as sociedades e os Estados mais poderosos do Norte, a partir da década de 1980, a direita foi tipicamente individualista, assegurando a cada qual que o seu destino é uma avenida sem outros obstáculos que não sejam os da personalidade e oportunidade. Pode-se compreender o predomínio dessa doutrina, dado que a cultura do capitalismo tardio fragmenta a sociedade e que o liberalismo pretende promover essa ambição de um caminho triunfante para a "escolha" de cada pessoa. A meritocracia é a voz desse individualismo e a sua explicação para as diferenças sociais: promete-se a todos, embora assegurando que uns merecem e outros não. Nesse contexto, as identidades são fragmentárias, dependem apenas de cada individualidade, e o mercado é o lugar social que reconhece a superioridade de uns e a inferioridade de outros. Esta direita era antes de mais nada individualista, tal era o discurso sobre o mercado como o lugar perfeito que sabe tudo e promove com justiça o valor de cada pessoa.

O problema é que, se há uma vantagem nesta cultura individualista (promete o sucesso), há também uma desvantagem (não garante a segurança, nem sequer o sucesso que promete). Foi nessa brecha que se desenhou uma alteração cultural de grande impacto. Foi assim que se deu o deslocamento da cultura individualista da direita para o identitarismo, predominantemente o identitarismo WASP (o dos brancos protestantes anglo-saxônicos nos Estados Unidos), como garantia de segurança, operando um desvio da tradição política anterior, respaldado por uma estirpe de teóricos conservadores que combinaram a visão tradicionalista com uma narrativa imperialista e com uma visão trágica sobre o destino da sociedade dos proprietários. As teses dos "choques de culturas" e da degradação imposta pelos imigrantes ou por outros grupos subalternos voltou assim a estar em cima da mesa. Reconhece nisto alguma coisa de Trump, ou de Salvini, ou de Erdogan, ou de Modi? Sim, mas isto já começou pelo menos vinte anos antes (Huntington, 2004; 1996).

Esta nova direita, que se autodenominou neoconservadora, reconstruiu uma narrativa de pureza cultural e racial que é grotescamente falsa. Com efeito, se considerarmos por exemplo a Península Ibérica, a sua população atual é a consequência de um cruzamento genético e cultural entre muitos povos, incluindo autóctones, do norte da Europa e do Mediterrâneo, árabes, judeus, africanos e ciganos. A sua identidade histórica é a dessa combinação. O caso dos Estados Unidos e do Brasil é ainda mais evidente, por serem Estados recentes e terem recebido as maiores migrações e tráfico de escravizados da história da humanidade.

A força desta nova direita nasce então da sua política de promoção de identidades opressoras, como um nacionalismo que exclui ou uma religião que submete. Ela cria um sistema hierárquico de definições radicais sobre a fronteira, demarcando o interior e o exterior, delimitando um nós em contraposição a eles, definindo a sociedade pela rejeição do Outro. A recusa dos migrantes e refugiados na Europa central ou dos mexicanos nos Estados Unidos, ou o medo do árabe, ou o racismo antinegro e anticigano na Europa, ou a cultura escravocrata no Brasil, são os vários pilares desta cultura. Assim, o que esta direita evoca já não é a promessa do sucesso, é a certeza do medo. Desse modo, naturaliza expressões de identidades como diferenças irredutíveis em escalas de poder, afirmando que o homem é superior à mulher e que o branco WASP deve dominar o negro, o latino ou o cigano.

Ashley Jardina, uma investigadora da Universidade de Duke, nos Estados Unidos, analisando a evolução destas ideias, publicou um livro que defende que esta identidade à direita é mais organizadora do que a que se lhe contrapõe à esquerda. Ao investigar o tema, ela ficou muito impressionada pela continuidade destes discursos tribais dos colonizadores e das formas de violência que geraram. Nota também que o enunciado da luta para recuperar privilégios, a partir de sentimentos de menorização de brancos pobres ou remediados, tem crescido desde pelo menos os anos 2000 no seu país (Jardina, 2018). Esse rancor até será muito mais antigo e, portanto, quando reemergiu como fator determinante na política interna no século XXI, era de esperar que conseguisse estabilizar rapidamente uma base de massas, sob a batuta de Trump que, mesmo depois de derrotado, instrumentaliza um fanatismo social. Os ingredientes já lá estavam, latentes, têm um longo passado.

O espaço político para o centro ou para as direitas clássicas vai sendo corroído em todos os azimutes por esta forma de polarização. Ao fazê-lo, esta direita identitária vai buscar ou recuperar elementos culturais que sobrevivem, mesmo que estivessem provisoriamente soterrados pelas circunstâncias históricas: uma religiosidade submissa, a adoração da autoridade, a insegurança perante a modernidade, a discriminação das mulheres e dos grupos racializados, o medo das pessoas migrantes. Assim, essa política de identidade procura constituir a base social de uma estratégia que quer triunfar impondo regras que se devem chamar antidemocráticas.

À esquerda não basta contrapor um discurso democrático contra esta polarização. Deve fazê-lo considerando que somente numa mobilização e aliança popular é possível impor medidas que atenuem a insegurança ou que garantam direitos igualitários, que são os que protegem as pessoas mais vulneráveis na sociedade. Mas não é suficiente, porque não pode ignorar a existência das várias formas de identidade social, que clamam por respostas e atitudes e são parte do espaço público e da vida de muitas pessoas. Sobretudo, não pode ignorar que a própria esquerda necessita dessas vozes e corpos para se interpelar a si mesma e se constituir num projeto consistentemente igualitário de sociedade.

Como nos mostra Djamila Ribeiro, filósofa feminista brasileira que foi uma das responsáveis pelos direitos humanos num mandato de esquerda na prefeitura da cidade de São Paulo, essas vozes devem ser ouvidas. Sugere nesse sentido o conceito de lugar de fala, para desvendar o funcionamento do autoritarismo discursivo e denunciar os dispositivos de poder que discriminam, bem como para mostrar as subjetividades políticas que se constituem em relação com experiências de opressão e identidades subjugadas (Ribeiro, 2017). O conceito sublinha que o poder e as identidades são parte do mesmo processo histórico. Como notamos nos capítulos anteriores, foi para evocar essa condição e experiência que Simone de Beauvoir registrou que a mulher é o Outro, ou que não há reciprocidade do olhar e do reconhecimento na sociedade patriarcal, e que Grada Kilomba (2019) apontou que, assim sendo, a mulher negra é o Outro do Outro, igualmente ignorado por um lugar de fala que é branco, patriarcal e capitalista.

Djamila Ribeiro não deixa de criticar as visões essencialistas que pretendem atribuir um direito exclusivo de enunciação baseado na experiência biográfica. Escreve ela: "quando falamos de direito à existência digna, à voz, estamos falando de *locus* social, de como esse lugar imposto dificulta a possibilidade de transcendência. Absolutamente não tem a ver com uma visão essencialista de que somente o negro pode falar sobre racismo, por exemplo" (Ribeiro, 2017, p. 62). A autora procura assim evitar e prevenir uma facilidade voluntarista da análise, um essencialismo que pressupõe que a condição determina mecanicamente a consciência e estabelece a fala. Como demonstra, o lugar de fala pode ser também expressão de resistência: elas, a mulher trabalhadora negra ou a mulher trabalhadora branca, para retomar o seu exemplo, podem e devem falar a partir das suas condições, das suas vivências da opressão e das suas exposições à sujeição. Essas vozes são as que – na primeira pessoa, eu, mas também falando de ti e de nós – podem enunciar uma experiência e criar um movimento que as represente. Ninguém as pode substituir, o feminismo será dirigido por mulheres, como o movimento negro será dirigido por afrodescendentes. Serão essas as suas vozes. Esse é o ponto de partida e, como sublinha Djamila Ribeiro, se bem que o lugar da política seja a superação de lugares de experiência cristalizados na relação de poder, o lugar de fala não é apenas o produto do poder, mas também a articulação de resistências de vozes e experiências que estavam silenciadas ou pouco reconhecidas no espaço político. Por isso mesmo, a fala da resistência contra a opressão é parte de uma estratégia política e social.

Discutimos ao longo do livro como se têm articulado as experiências vividas nos sistemas opressivos e os movimentos que os combatem. Notamos que algumas esquerdas, por cultura tradicionalista e conservadora, recusaram o reconhecimento de identidades oprimidas ou, condescendentemente, aceitaram-nas desde que se acantonassem num papel marginalizado. E contrapusemos-lhes a determinação de um reconhecimento das identidades oprimidas. Mas deixamos sempre a pergunta: se não é aceitável uma norma social que não reconheça os percursos, as condições e, portanto, as opressões, pois só identificando-as pode-se combater a subjugação, como é que o deve fazer?

Argumentamos então que a política emancipatória deve seguir o caminho da redistribuição de poder no combate às bases objetivas que identificam as pessoas como seres oprimidos, diminuídos e alienados. Assim, sugerimos que essa política deve registrar, condenar e combater a opressão objetiva, a que se estriba em regras e em poderes, ou seja, na desigualdade essencial que estabelece a discriminação de gênero, sexual, étnica ou outra. Falamos de trabalho, participação política na vida democrática, direito à justiça, educação, saúde, igualdade e não discriminação, mas também de uma narrativa e propostas políticas que desconstruam fórmulas patriarcais e coloniais de conceber a nação ou até os próprios movimentos emancipatórios anticapitalistas. Esta desconstrução do racismo, lusotropicalismo e machismo nos discursos sobre quem somos e para onde vamos não pode ser ignorada. Ela é também redistribuição de poder simbólico.

A aceitação da subjetividade das identidades impõe reconhecer que são resultado da fratura histórica rasgada pelo capitalismo e por outras formas de dominação antes dele, que este incorporou. Mas uma ação política exclusivamente assente em subjetividades seria limitada e, perante a pluralidade das experiências individuais, ficaria sem rumo. Não o sendo, ou sabendo que neste universo de identidades elas se entrelaçam com a mecânica da reprodução do capitalismo, a resposta da esquerda é a mais difícil: reconhece as identidades oprimidas e, em consequência, procura tanto respeitar as identidades subjetivas como desconstruir as condições da opressão que formatam condições objetivas de identidade. Nos capítulos anteriores, tratamos este princípio da política de esquerda, afirmando que tem de haver reconhecimento e distribuição, mas que não há reconhecimento sem inclusão, nem democracia sem reconhecimento e distribuição do poder.[1]

Se o conceito de interseccionalidade, que discutimos, tem a vantagem de alertar para a simultaneidade de formas de opressão e para a necessidade de políticas de convergência entre vários movimentos, ele tem também o risco de sugerir a naturalização de identidades, como se fossem um dado da natureza ou uma imanência cultural e de, assim, conduzir a uma pulverização de narrativas de protesto. Sabendo que tem havido identidades reconhecidas e fortalecidas no processo histórico, ao passo que outras foram desprezadas, e que o simples enunciado das opressões não as sobrepõe nem as articula, defendemos que a superação das hierarquias entre elas tem de se basear numa ação que seja efetiva no combate político, caso contrário é incapaz. Uma política assente num mosaico de movimentos é impotente para fazer escolhas,

---

[1] Esse foi o tema de um debate entre a filósofa feminista Nancy Fraser e o filósofo Alex Honneth (Fraser; Honneth, 2014).

DAS POLÍTICAS DE IDENTIDADES ÀS IDENTIDADES DA POLÍTICA 201

porque uma política é estratégia e, por isso, baseia-se em decisões sobre caminhos que unificam. Na nossa visão, a identidade deve manifestar-se como relação política que ataca a essência do poder que gera a opressão; é por essa razão que também nos batemos por um antirracismo e por um feminismo anticapitalistas, que respondam às relações de dominação marcadas por estruturas políticas e econômicas. É preciso que, para além das expressões culturais identitárias, não se descuide da disputa política e econômica sobre a redistribuição do poder.

Benjamim Franklin, ideólogo e diplomata da revolução estadunidense, cientista moderno, estava já no final da sua vida quando Friedrich Hegel, o filósofo alemão, começou a escrever. Entre ambos, percorre-se o século XVIII e o primeiro terço do século XIX, a revolução industrial, o ascenso do império de Sua Majestade britânica, as grandes tormentas políticas nas colônias nas Américas, no Caribe ou na África, a revolução social na França e depois pela Europa fora, a revolução bolivariana na América do Sul. Ora, entre outros, há um traço cultural que irmana Franklin e Hegel, e que é o que nos interessa aqui: um racismo enraizado no supremacismo branco e no desprezo pelos povos vítimas do colonialismo. Dizia Benjamin Franklin (1903, p. 185), sobre a Austrália, que seria um "desígnio da Providência extirpar esses selvagens, de modo a abrir espaço para os cultivadores da terra". Hegel, umas décadas mais tarde, nas suas *Lições sobre Filosofia da História*, generalizava: "O negro representa o homem natural, com tudo o que tem de indômito e de selvagem". E adiante: "Neste caráter nada há que faça lembrar o humano. (A África) não faz parte do mundo histórico" (Hegel *apud* Borges, 1995, p. 206).

Em Portugal, um século depois, num texto dedicado ao "Quinto Império", Fernando Pessoa explicou como o racismo era uma conversão de identidades:

> Os índios da Índia inglesa dizem que são índios, os da Índia portuguesa que são portugueses. Nisto, que não provém de qualquer cálculo nosso, está a chave do nosso possível domínio futuro. Por-

que a essência do grande imperialismo é o converter os outros em nossa substância, o converter os outros em nós mesmos. Assim nos aumentamos, ao passo que o imperialismo de conquista só aumenta os nossos terrenos, e o de expansão o número de os imperialismos da Besta da Cabala e do Apocalipse. (Pessoa, 1979, p. 87)

Ou seja, o imperialismo português seria bem-sucedido – o que viria a ser um mito lusotropicalista – se privilegiasse a conversão das almas e dos corpos em vez da conquista dos terrenos e da expansão militar. Triunfaria se despersonalizasse os povos submetidos, se lhes absorvesse a identidade. Estas são as duas essências do racismo, seja na versão destruidora (a de Franklin e Hegel), seja na assimilacionista (a de Pessoa).

Eduardo Lourenço (1990, p. 14), que escreveu sobre Pessoa, discutiu a identidade a partir do ponto de vista da sua formulação nas consciências metropolitanas. Também encontrou aí um efeito de espelho, do lado dos colonizadores, que cria o mito da despersonalização, "uma espécie de sublime vocação de não identidade" ou, ao mesmo tempo, de hiperidentidade, uma classe dominante ou até um país que se imaginava o centro do mundo. Ser tudo é, porventura, o mesmo que ser nada, em nenhum dos dois casos há uma identidade reconhecível. Talvez por isso, mesmo em Pessoa, surgem sinais tão contraditórios. No *Opiário*, de Álvaro de Campos, agora já não a tratar do império, mas do que dele sobrava, escreve que "a minha Pátria é onde não estou", ao passo que Bernardo Soares, em *Livro do Desassossego*, afirma que "a minha Pátria é a língua portuguesa". Estou e não estou, sou e não sou, sou tudo ou não sou nada. Mas o que esta mundividência perplexa nos diz é que os outros não existem. O racismo é desumanização.[2]

Por isso mesmo, a luta antirracista passa, entre outras coisas, por se concentrar na consciência da identidade e, em consequência,

---

[2] Tinhorão investigou como a literatura portuguesa tratou a presença dos negros e, em particular, dos escravos, revelando esta cultura de invisibilidade e de desprezo ao longo dos tempos.

na sua expressão de reconhecimento de igualdade perante a lei. Frantz Fanon, em *Pele negra, máscaras brancas*, de 1952, constata que "ser negro é uma experiência vivida", ou seja, a "raça" não é só uma designação ou um preconceito, antes organiza a vida e a relação social. "Sou determinado pelo exterior", ou por como me descrevem e moldam a minha vida e a do meu povo. Ele diz também que o "negro" é necessário à branquitude, numa espécie de reflexo invertido, são mutuamente constitutivos. Mas Fanon (1952, p. 93, 187) rejeita o essencialismo e, por isso, anuncia:

> Eu, homem de cor, só quero uma coisa: que nunca mais o instrumento domine o homem. Que cesse para sempre a sujeição do homem pelo homem. Isto é, de mim por um outro. Que me seja permitido descobrir e querer o homem, onde quer que se encontre. O negro deixa de o ser. Tal com o branco.

Deste modo, exprime uma vontade que apresentamos atrás: não quero só que me reconheças como o que sou, negro, mas que percebas que essa diferença deixará de ser a minha identidade quando terminar a sujeição de uns pelos outros, ou a condição racial.

Discutimos também, no capítulo sobre o feminismo e a opressão das mulheres, como Simone de Beauvoir enunciou aquele enigmático "Não nascemos mulheres, tornamo-nos". É, portanto, o poder subjugante de fazer e de impor a condição de gênero que a mulher deve destruir, assim como Fanon nos diz que o negro deixará de o ser. "Seremos completos", escreve Carl Wittman no seu manifesto, esqueceremos as diferenças se elas deixarem de diferenciar, ou seja, o nosso reconhecimento irá tão longe porque quer vencer o poder da discriminação. Na verdade, talvez agora só comecemos a mudar os nossos olhares sobre essas diferenças. Em todo o caso, ainda que as identidades subjugadas sejam o produto de uma descrição do poder que desqualifica, elas transformam--se noutra coisa quando são mobilizadas para criar comunidade, sororidade, resistência, autorreferência. O mundo continuará a viver com estas formas de menorização, inscritas nos corpos e nas biografias, mas tais identidades são ainda incontornáveis pontos de partida para a produção de resistências. Todos colocam assim a resposta no mesmo plano: lutamos pelo poder. Temos então de perguntar como lutamos.

Para concluirmos, voltamos a uma questão que perpassa todo este livro e que, aliás, é importante para escolhermos uma forma de ação política que seja efetiva na luta contra o capitalismo e as formas de opressão patriarcal, sexual, racial e de pessoas portadoras de deficiência (capacitismo). Como é que uma sociedade cuja estrutura de dominação gera tanto sofrimento, discriminações e marginalizações pode suportar um poder tão agressivo, mesmo que funcione com um véu sobre essa responsabilidade? No início do livro, uma das respostas que encontramos desenha-se precisamente no quadro das identidades: todas as sociedades são constituídas em torno de pelo menos uma identidade dominante, uma forma de poder, normalmente a nacionalidade, ou uma religião, em ambos os casos remetendo para uma referência histórica. Como vimos depois, o tribalismo da direita baseia-se na utilização de um mecanismo de identidade para criar uma fronteira política, para excluir os alvos do ódio e para definir um perfil de inclusão dos devotos. Não é por acaso que esse modo de política corrói ou tende a destruir a democracia nas suas formas tradicionais, ao impor-lhe a ruptura de normas de conciliação dentro dos interesses dominantes e ao procurar blindar o seu eleitorado a qualquer permeabilidade à argumentação racional.

A urgência para a política de esquerda no século XXI é enfrentar esta estratégia da direita, que tem sido vencedora. É uma luta para fora e para dentro. Como vimos, há duas dificuldades para uma reposta adequada. A primeira é a do reconhecimento: movimentos que nasceram como a voz de identidades oprimidas têm sido ignorados ou até, em alguns casos, hostilizados por alguma esquerda conservadora. Ou por condescendência, pelo temor de que possam perturbar ambições eleitorais ou uma visão linear da história, ou simplesmente por culturas discriminatórias. Essa marginalização não só reforça ressentimentos, como pode paralisar transformações políticas de fundo que são necessárias. Cabe às esquerdas dar passos para o reconhecimento desses grupos e respectivas reivindicações, para que se possa reconfigurar a si própria. A identidade da esquerda deve ser uma política da distribuição, que exige o reconhecimento contra o medo e a inclusão contra a marginalização, precisamente por querer alcançar o poder contra a atomização. Assim, a esquerda não se define por ouvir razões de queixa, por ser um mosaico de agruras individuais ou grupais, ela só existe se for a força contra a opressão e contra a injustiça histórica. O centro do combate democrático, socialista e pós-colonial não se pode equivocar: o que combatemos é a vertigem da acumulação de capital, nas suas imbricações com o patriarcado, o racismo ou outras formas de discriminação. Esse combate é a política, que é a identidade, de um povo que se quer constituir como voz e como sujeito.

Referências

BORGES, Anselmo. *Corpo e transcendência*. Coimbra: Almedina, 1995.

FANON, Frantz. *Peau noire, masques blancs*. Paris: Éditions du Seuil, 1952.

FRANKLIN, Benjamim. *The autobiography of Benjamim Franklin*. Chicago: Donnelley, 1903.

FRASER, Nancy; HONNETH, Alex. *Redistribution or recognition?* A political-philosophical exchange. Londres: Verso, 2014.

HUNTINGTON, Samuel. *Who are we? The challenges to America's national identity*. Nova Iorque: Free Press, 2004.

HUNTINGTON, Samuel. *The clash of civilizations and the remaking of the world order*. Nova Iorque: Simon and Schuster, 1996.

JARDINA, Ashley. *White identity politics*. Cambridge: Cambridge University Press, 2018.

KILOMBA, Grada. *Memórias da plantação*. Episódios de racismo quotidiano. Lisboa: Orfeu Negro, 2019.

LOURENÇO, Eduardo. *Nós e a Europa ou as duas razões*. Lisboa: Gradiva, 1990.

PESSOA, Fernando. Sobre Portugal: Introdução ao problema nacional. *In*: ROCHETA, Maria Isabel; MORÃO, Maria Paula. *Sobre Portugal:* Introdução ao Problema Nacional. Lisboa: Ática, 1979.

RIBEIRO, Djamila. *O que é Lugar de Fala?* Belo Horizonte: Letramento, 2017.

TINHORÃO, José Ramos. Os negros em Portugal – Uma presença silenciosa. Lisboa: Caminho, 1988.

TRAVERSO, Enzo. *The new faces of fascism – Populism and the far right.* Londres: Verso, 2019.

WITTMAN, Carl. *Refugees from Amerika: A Gay Manifesto.* Nova Iorque: Red Butterfly Publications, 1970.

Sobre os (as) autores (as)

Andrea Peniche é licenciada em Filosofia e mestre em Estudos de Gênero pela Universidade do Porto. É editora de profissão. É ativista no coletivo feminista *A Coletiva*, um dos organizadores da Greve Feminista Internacional em Portugal. Autora do livro *Elas somos nós: O direito ao aborto como reivindicação democrática e cidadã*, participa em várias outras obras em coautoria, sendo a mais recente *O século XX português. Política, economia, sociedade, cultura, império.*

Bruno Sena Martins é investigador do Centro de Estudos Sociais da Universidade de Coimbra (CES/UC). É licenciado em antropologia e doutorado em sociologia. Os seus temas de interesse incluem o corpo, deficiência, direitos humanos, racismo e colonialismo. É cocoordenador do Programa de Doutoramento "Human Rights in Contemporary Societies" e docente no Programa de Doutoramento "Pós-Colonialismo e Cidadania Global".

Cristina Roldão é socióloga, investigadora no CIES-IUL e professora na Escola Superior de Educação do Instituto Politécnico de Setúbal. Acadêmica e cidadã, tem-se debruçado sobre os processos de exclusão e racismo institucional que tocam os afrodescendentes na escola e sociedade portuguesas. Coordenou o projeto "Roteiro para uma Educação Antirracista" (Setúbal, 2019) e cocoordenou a 7ª Conferência da rede internacional Afroeuropeans: "In/Visibilidades Negras Contestadas" (Lisboa, 2019).

Francisco Louçã é professor catedrático de economia na Universidade de Lisboa. Foi deputado nacional (1999-2012) e é membro do Conselho de Estado. Publicou recentemente, em co-autoria, *Sombras* (2018), *O século XX português* (2020), *Manual de Economia Política* (2021) e *O futuro já não é o que nunca foi – Uma teoria do presente* (2021).